吕建华〔著〕

烟雨红船

母亲船的故事

中共党史出版社

图书在版编目（CIP）数据

烟雨红船：母亲船的故事 / 吕建华著 . -- 北京：中共党史出版社，2014.5（2021.5 修订）
ISBN 978-7-5098-2547-1

Ⅰ . ①烟… Ⅱ . ①吕… Ⅲ . ①中共一大（1921）—史料 Ⅳ . ① D220—49

中国版本图书馆 CIP 数据核字 (2014) 第 021443 号

出版发行：中共党史出版社
责任编辑：姚建萍
责任校对：龚秀华
责任印制：谷智宇
责任监制：贺冬英
社　　址：北京市海淀区芙蓉里南街 6 号院 1 号楼
邮　　编：100080
网　　址：www.dscbs.com
经　　销：新华书店
印　　刷：北京汇林印务有限公司
开　　本：170mm × 240mm　1/16
字　　数：200 千字
印　　张：20.5
印　　数：12001—15000 册
版　　次：2014 年 5 月第 1 版　2021 年 5 月修订
印　　次：2021 年 5 月第 2 次印刷

ISBN 978-7-5098-2547-1
定　　价：65.00 元

序一

龙新民

2005年，时任中共浙江省委书记的习近平同志发表了《弘扬“红船精神” 走在时代前列》的重要文章，文中这样写道：“我们要高举‘三个代表’重要思想的伟大旗帜，始终保持党的先进性，就必须永远铭记我们党的‘母亲船’。”

把诞生了伟大的中国共产党的南湖红船称为“母亲船”，不仅极其形象生动，而且蕴含了极其深刻的意义。说它是“母亲船”，首先是因为中国共产党诞生在这艘红船上，它具有了母亲般的骨肉亲情；同时因为在这艘船上通过的中国共产党第一个纲领、第一个决议，高举马克思列宁主义的旗帜，为灾难深重的中国人民指明了正确的前进方向，它具有了母亲般的伟大胸怀；还因为会聚在这艘船上的一批党的一大代表，立志救民众于水火，献身人民解放事业，它也具有了母亲般的崇高品格。中国诞生了共产党，中国的革命事业从此焕然一新。从这艘“母亲船”扬帆启航开始，党虽然经历了无数的急流险滩、艰难曲折，但最后都始终走在时代前列，带领全国各族人民，不断从胜利走向新的胜利。放眼神州，追根溯源，我们今天所取得的一切成就，都是发端于这艘“母亲船”，来源于这艘“母亲船”。

党史纪实文学《烟雨红船——母亲船的故事》，就是一本以文学的形式，真实、生动、全面介绍党的一大南湖会议的专著。它从“南陈北李，相约建党”开始，集中而详细地描写了党的一大在上海召开最后一天转移到嘉兴南湖的经过和在南湖游船上开会的情况。同时，该书对出席一大的十三位代表的人生轨迹作了详细的介绍和分析。从这种比较分析中，让读者可以更清晰地感悟到时代潮流大浪淘沙的壮阔画卷和内在规律，更生动地感受到中国共产党所走过的道路的艰难曲折，更深刻地认识到毛泽东同志之所以成为党和人民的伟大领袖的历史必然性。本书所反映的党的一大有关内容，还有助于我们进一步理解中国共产党的诞生对于中国革命所具有的开天辟地的重大意义；进一步理解中国共产党始终是中国人民进行革命、建设和改革伟大事业的坚强领导核心；进一步理解坚持马克思列宁主义、毛泽东思想和中国特色社会主义理论体系是实现中华民族伟大复兴的必然选择。从这个意义上说，这本书在政治上、思想上、理论上都是具有一定价值的。

特别值得肯定的是，作者以纪实文学的手法来向读者介绍党的历史，是“党史纪实文学”的又一力作。“党史纪实文学”在文学领域中堪称一个新的品种。这种文学样式有它鲜明的特点：一是必须忠于史实，以严谨的治学态度认真研究和大量占有可靠的准确的党史资料；二是必须以生动的文学笔触，把这些历史资料转换为人民群众喜闻乐见的党史故事。这样的党史纪实文学作品的繁荣，对我们的党史研究会起到促进作用，更重要的是它有助于向广大干部群众特别是青少年宣传普及党史知识。

本书作者吕建华是一位长期从事戏剧、影视、文学创作的国家一级编剧，具有较深厚的文学艺术功底，同时他又曾在嘉兴市从事过党史工作，并在浙江省委党校学习过党建理论，具有强烈的党史情结。有了这两个条件，这本《烟雨红船——母亲船的故事》就写得比较扎实，且具有较强的可读性。该书大量采用了党史研究中一大南湖会议的研究成果，并把它化为一个个生动的故事，以图文并茂的方式，使读者阅后可以清晰了解一大南湖会议的整个过程和相关历史细节。正是从这个独特的角度，我认为，这是一本值得向读者推荐的好书。

中共党史的研究、宣传和教育，党史事业的大发展大繁荣，既需要党史工作者持续不懈的努力，更需要全党全社会的重视、关心和支持。而在党史的宣传教育中，以党史为题材的各类文学、艺术、影视作品，具有独特的作用。愿我们有更多的作家、艺术家参加到党史的研究与宣传中来，不断推出更多为读者、观众喜闻乐见的党史文艺作品，为促进党史研究，推动全社会学习党史，实现中华民族伟大复兴的“中国梦”，作出新的更大的贡献。

（本文作者为全国政协常委、文史和学习委员会副主任，中国中共党史学会常务副会长，中央党史研究室原副主任）

序二

鲁　俊

纪实文学《烟雨红船——母亲船的故事》的出版，是党史文学领域里反映党的一大南湖会议的又一成果，值得庆贺。

多年来，研究党的一大的著作已经不少，以一大为题材的文艺创作也取得了丰硕的成果。但这本书的意义在于它不但以生动的文字、丰富的图片、独特的视角和翔实的党史史料作依据，写出了中共一大南湖会议鲜为人知的生动历程，揭示了中国共产党诞生的历史必然性，更以南湖会议为起点，追踪一大代表的人生足迹，深刻揭示了这条母亲船所昭示的我们党带领中国人民从胜利走向胜利的根本原因。

中国共产党从南湖诞生，母亲船在南湖起航的那一刻起，就明确地提出“要把工人、农民和士兵组织起来”等目标和任务，充分体现了重视群众工作的要求。轰轰烈烈的大革命失败后，有的一大代表脱离了群众，有的脱党甚至叛变。但以毛泽东同志为代表的中国共产党人却坚持与最基层的群众在一起，相信群众、依靠群众，开创了井冈山革命根据地，用红船上点燃的星星之火，燎原为全国之势，最终建立了新中国。2005年6月21日，时任浙江省委书记的习近平同志在《光明日报》发表了《弘扬“红船精神” 走在时代前列》的署名文章，他强调：“开天辟地、敢为人先的首创精神，坚定理想、百折不挠的奋斗精神，立党为公、忠诚为民的奉献精神，是中国革命精神之源，也是‘红船精神’的深刻内涵。”

红船劈波行，精神聚人心。母亲船一路行来，红船精神同井冈山精神、延安精神、西柏坡精神一道，伴随着中国革命的光辉历程，共同构筑起我们党在前进道路上战胜各种困难和风险，不断夺取新胜利的强大精神力量和宝贵精神财富。历史与现实的无数事实昭告我们，只有用这些宝贵的精神财富如同日月精华般滋润自己，强魂健魄，才能始终保持党同人民群众的血肉联系，才能永葆党的先进性和纯洁性，才能使我们党永远立于不败之地。我们党的根基在人民、血脉在人民、力量在人民。党的群众路线是党的生命线和根本工作路线，人民群众永远是我们党最坚固的“铜墙铁壁”，是我们党制胜的法宝。要特别防止和警惕党群关系变为“蛙水关系”、“油水关系”和“水火关系”，无论在任何时候任何情况下，党员领导干部都必须心系群众，做到权为民所用，情为民所系，利为民所谋，决不能脱离群众、高高在上。

母亲船扬起的风帆，一直激励和鼓舞着我们党站在历史的高度、时代的前列，克服一个又一个困难，夺取一个又一个新胜利。当前，我国正处于经济社会转型发展的关键时期。我市也不例外，推动改革、发展、稳定，实现又好又快发展既面临前所未有的机遇，也面临诸多困难和挑战，没有敢于担当的精神状态、敢为人先的创新理念和顽强拼搏的工作作风，就难以战胜各种风险和挑战。作为党的诞生地，面对新形势、新任务和新挑战，我们必须紧紧扭住发展这一主题不放松，大力弘扬红船精神，以踏石留印、抓铁有痕的干劲，与时俱进，开拓创新，不断推进“创业创新城、人文生态城、和谐幸福城和现代化网络型田园城市”建设，努力谱写实现中国梦的嘉兴篇章。

本书作者吕建华先生成长在南湖边，凭着多年的积累和强烈的责任感，潜心研究，精心创作，为我们嘉兴——中国共产党的诞生地奉献了一本好书。习近平总书记说过，历史是最好的教科书。当前，我市正按照中央和省委的部署，扎实开展党的群众路线教育实践活动，这本《烟雨红船——母亲船的故事》，正是广大党员干部接受党史教育、坚定理想信念、补充精神之“钙”的好教材。愿我们有更多的作家和艺术家们来关注党史和国史，深入挖掘丰富的精神矿藏，创作出更多鼓舞人民的好作品，为实现中华民族伟大复兴的中国梦作出新的更大的贡献！

（作者为中共嘉兴市委书记）

目 录

1 **第一章 为什么这条游船被称为“红船”**

2 红船之名，不在其色，而在其意

6 红船之红，是因为它的火种红遍了全中国，但在1921年建党时究竟有多少名党员

10 为什么把红船称为我们党的母亲船

13 第二章 “开天辟地的大事变”为什么会在上海积聚能量

14 红船的启航，与上海这个中国无产阶级最集中的城市紧密相关。上海从一个小渔村，逐渐成为帝国主义进行各种侵略和罪恶活动的据点。新旧力量在这里激烈较量

23 “十月革命一声炮响，给我们送来了马克思主义”，南陈北李，相约建党，上海首先成立了中国共产党建党发起组

29 列宁亲自指派马林代表共产国际来华指导建党，引起各国警察高度关注,真是有一种“黑云压城城欲摧”的高度紧张

38 各地共产党早期组织纷纷派出代表，13位代表是怎样产生的

47 第三章 中国共产党第一次全国代表大会为什么会转移到嘉兴南湖

48 党的一大在上海举行，引起敌人的恐慌。法国巡捕房来会场搜查，北洋政府派人来投炸弹，哪里还能找到一个安全的会场

57 负责会务工作的青年团员王会悟，承担起了“卫士”的重任

63 这个突然闯入的“陌生人”，确实是法国巡捕房的密探

69 青年团员王会悟，建议到嘉兴南湖去开会，得到一大代表们的一致赞成。邵力子回忆说，他也是提议人

73 第四章 党的一大代表转移到南湖的经过

74 党的一大是几月几日在南湖一条船上开会的？请记住这个日子，因为它是党确切的诞生日，也是南湖红船启航的日子

80 到南湖红船上开会的一大代表到底是几个人？哪几个人没有来参加

86 王会悟把代表们带到南湖，而帮她租船的人是嘉兴的一个中学生孔另境

91 代表们选择了嘉兴南湖，感到确实是选了个好地方，他们对南湖印象深刻，还吃到了嘉兴粽子，品尝了南湖的烧鱼

95 一条游船，在南湖中游荡，一个共产主义的“幽灵”在中国上空游荡

99 **第五章 在南湖游船上经过争论，最后统一了意见，通过了决议，宣告了中国共产党的诞生**

100 在船上讨论时虽发生了争论，但民主气氛很浓

106 在投票选举时发生了小插曲，刘仁静投了反对自己的人一票

111 南湖会议是一大会议的高潮，通过了党的《纲领》和《决议》，选举了中央局，中国共产党在红船上宣告诞生

115 嘉兴南湖红船成为党的诞生地，是偶然中的必然

119 **第六章 毛泽东与南湖的缘分**

120 毛泽东于1919年为资助一个落难的嘉兴青年，给他买了一张“去嘉兴的火车票”。这会不会使毛泽东对党的一大转移到嘉兴多了一份赞成的可能呢

126 毛泽东回忆道，党的一大会议“是在水上开的”，看来他对南湖的水印象非常深

129 毛泽东在会上讲话并不多，但他常常陷入深深的思考。他在想些什么

132 毛泽东和他的一个朋友在南湖边住了一晚，这个小旅馆在嘉兴的“一条横街上”

139 新中国成立后，有一次毛泽东乘专列经过嘉兴，命紧急停车，下车默默地凝望南湖达半个小时之久

143 **第七章 党的一大召开前后的南湖人文风情**

144 南湖自古以来就是藏龙卧虎之地，乾隆皇帝六下江南每次都要乘龙舟游南湖，登临烟雨楼台，赋诗题字

148 南湖的游船，兴盛于清末民初，是嘉兴旅游的一大特色

152 在“党的生日”期间，南湖举行了一场万人空巷的“荷花生日”的盛大民间活动

157 **第八章 红船重现南湖的怀抱**

158 新中国成立后，人们想念红船，盼望它重现南湖。嘉兴地委决定，筹建中共一大纪念馆

165 笔者访问已80高龄的董熙楷老人，他对当年寻访和仿制红船的过程记忆犹新

172 造船工人萧海根一生最自豪的事，就是亲手打造了这艘举世瞩目的红船

177 13位党的一大代表中，董必武作为唯一的一位代表重又登上南湖船头时，已43年过去，“换了人间”

184 随着红船的成功仿制，嘉兴南湖从此成为了全国人民向往的圣地，南湖革命纪念馆的建设也随着时代的发展而不断谱写新的篇章

193 **第九章 党的一大13个代表的人生轨迹及给后人的启示**

194 13个一大代表不同的人生轨迹

290 一大代表的年龄、知识、性格、信念、体格特点及他们不同的命运

294 一大代表毛泽东的一生，将影响中华民族世世代代，并将长久地影响着全世界

299 **第十章 “红船精神”的内涵是什么？它是怎样提炼形成的**

300 “红船精神”的表述，在百姓的集体参与中，逐渐形成了雏形

302 习近平对人民群众的智慧和热情给以高度肯定，并对它进一步提炼总结，形成对“红船精神”科学的理论概括

304 习近平对红船的论述和对“红船精神”深刻内涵的揭示

307 **主要参考书目**

309 **后 记**

第一章

为什么这条游船被称为“红船”

红船之名，不在其色，而在其意

有一条船，静静地停靠在嘉兴市南湖景区湖心岛东南角边。从1959年到今天，它在这里已经有半个多世纪了。

每天，人们络绎不绝地来到这里，或瞻仰，或凝视，或拍照留念，或流连忘返。50多年来，已经有成千万人次游客来看过它、摸过它、亲近过它了。

人们为什么如此喜欢这条十多米长的小船？这条船是什么来历？它里面究竟蕴含了多少动人故事？

这条被人们亲切地称为“红船”的小船，以前的称呼是“单夹弄丝网船”、“游船”、“画舫”。

让这条普通的、以前江南常见的小船，变身为“红船”的，是因为中国几千年历史上最重大的一次会议在这里举行。因为这次会议，改变了

◎ 清晨的南湖

中国的历史命运。并且，还将因这次船上的会议，长久地影响着中国和世界。

当代散文家梁衡，为这条船特作了《嘉兴南湖红船之铭》一文，对红船作了这样的描述：

红船者，嘉兴南湖上一普通小船，为当年中共“一大”会场。以一条小船而造就大党八千万，吞吐岁月九十年，古今中外惟此一船。

红船为建党之证，本该尊为文物，储于庙堂；受专人之呵护，享国宝之典藏。然栉风沐雨，置于湖畔，广接游人，敞对青天，是别有深意，寄情悠长。

◎ 南湖红船

船之名红，不在其色而在其意，借物言志，别有期盼。当年长夜如磐，红烛此处破黑暗，更燃火炬上井冈。从此，红色象征革命、象征进步，代表民心、代表希望。今革命虽已成功，然兴邦还不敢轻言，社会主义最少还要一百年。 风帆正举，飞舟破浪，红色精神，更待发扬。

船置水上，是为不忘古训：水可载舟，亦可翻船。今登舟望湖，叹烟波之浩渺；抚舷临风，见远山之苍茫。想千帆齐发，金戈铁马曾渡江；如履薄冰，船大掉头改革难。建党如同造船，聚中坚而精诚，已属不易；治国又如远航，得民心而永葆，更是艰难。九十年，几多胜利，几多忧伤，善待吾民，谨行吾船。

船泊湖心岛旁，风雨楼前，是为居安思危，远瞩高瞻。南湖虽小，映照古今，不让八百里洞庭；小船如苇，一箭光阴，射穿两千年画卷。贾谊过秦、魏征谏唐，毛泽东延安窑洞答客问，如数家珍说民主；陈胜揭竿、天朝末路，五领袖西柏坡下去赶考，相约不做李闯王。小舟一叶，窗明几净，仰望楼头，细思默想。

呜呼，树高有根，水长有源。今党拥众十数亿，国有版图九百万，不敢忘我九尺小船。于是泊于南湖，永存嘉兴，年年拜祭，岁岁观瞻。不忘宗旨，更写新篇。惟愿事业皇皇，国泰民安。

是啊，“船之名红，不在其色而在其意”。红船之所以“红”，就是因为中国共产党第一次全国代表大会在这里举行最后一次会议，在这里闭幕，在这里通过了党纲，选举了中央局领导机构，宣告了中国共产党的诞生。

船以“红”冠之，是因为它象征着革命，象征着奋斗，象征着它驶过惊涛骇浪的昨天，也预示着它领航着中国这个东方大国的巨舰，驶向实现“中国梦”的美好未来……

红船之红，是因为它的火种红遍了全中国，但在1921年建党时究竟有多少名党员

红船之红，是因为从这里开始，红色的火种燃遍了全中国。

世界上超过5000万人的国家就叫人口大国，但是这样的国家在全世界也只有九个。

而中国共产党的党员，就达到9000万，名副其实的世界第一大党。

但是，当年来参加一大的代表们，他们代表了全国多少党员呢？

这至今还是一件众说纷纭的事。中共中央党史研究室所著的《中国共产党历史》第一卷中这样写道："国内各地的党组织和旅日的党组织共派出13名代表出席党的第一次全国代表大会。""他们代表着50多名党员。"看来当时中央党史研究室还没有考证出确切的人数，只能用"50多名"这样的概数来表述。

最早的关于一大之前党员人数的记录，是1921年11月，在中共一大闭幕以后四个月，中共一大代表董必武、李汉俊起草了给共产国际的报告《中国共产党第一次代表大会》，明确提出"中国的共产主义组织是从去年年中成立的。起初，在上海该组织一共只有五个人。领导人是很受欢迎的《新青年》的主编陈同志。这个组织逐渐扩大其活动范围，现在已有六个小组，有五十三个党员"。（见《一大前后》，人民出版社

1980年版，第20页。）但是这份报告并没有具体名单。

◎ 一大南湖会议（国画）

还有张国焘提出的“59人”说。他在他的《我的回忆》中写道：“合计代表十三人，党员五十九人。全国社会主义青年团团员则约三百五十人左右。这就是中国共产主义者在第一次全国代表大会前夕的全部阵容。”（见《亲历者忆——建党风云》，中央文献出版社2001年版，第104页。）

张国焘这样言之凿凿地说有“党员五十九人”，但也没有列出名单。无法证明他的说法是可靠的。

新中国成立以后，党史研究学者根据史料又分别列出名单，但还是不完全相同。有的提出了“57人”说，根据的是1928年中共六大的一份统计表记载，但后人根据57人所列的名单又有很大出入。

中国共产党的第一批党员究竟是哪些人？这星星之火到底是几颗？这是应该搞清楚的问题。随着时间的推进，随着研究的深入，真相正在慢慢地浮出水面。

有一次，我与从事党史研究的老同学

陈水林聊天。因为我们俩都是浙江省委党校党建专业本科理论班毕业的，自然会聊起党的一大。他说他正在准备出版一本关于党建的书，书名为《中国共产党早期组织及其成员研究》，是专门研究一大前夕党员人数的，而且已经有了眉目。我一听就来了兴趣。因为这是一个多年来没有突破的课题。他告诉我，他们研究的结果是58人，而且经有关部门确认，马上就会正式出版。

我兴奋地从他那里要来了这本书的电子版，征得他的同意，将这宝贵的名单资料在这里首先披露，以飨读者。

这些红色的火种，不管后来是否熄灭，不管他们后来是否背叛了自己的信仰，但还是让我们记住他们的名字：

上海共产党早期组织（14人）：陈独秀、李汉俊、李达、陈望道、沈玄庐、邵力子、袁振英（震瀛）、林伯渠（林祖涵）、沈雁冰（茅盾）、沈泽民、杨明斋、俞秀松、李启汉、李中。

北京共产党早期小组（16人）：李大钊、张国焘、邓中夏、高君宇、何孟雄、罗章龙、刘仁静、范鸿劼、缪伯英、张太雷、李梅羹、朱务善、江浩、宋介、吴雨铭、陈德荣。

武汉共产党早期组织（8人）：董必武、陈潭秋、包惠僧、刘伯垂、张国恩、赵子键、郑凯卿、赵子俊。

长沙共产党早期组织（6人）：毛泽东、何叔衡、陈子博、贺民范、彭璜、易礼容。

广州共产党早期组织（4人）：陈公博、谭平山、谭植棠、李季。

济南共产党早期组织（3人）：王尽美、邓恩铭、王翔千。

旅法共产党早期组织（5人）：张申府、周恩来、刘清扬、陈公培、赵世炎。

旅日共产党早期组织（2人）：施存统、周佛海。

由于档案资料的缺乏，可能还会有新的发现。这个名单保留在这里，以供后人进一步考证确认。

为什么把红船称为我们党的母亲船

“唱支山歌给党听，我把党来比母亲……”

母亲，在全人类的心目中，是最亲近、最慈爱、最敬重的象征。

2005年，时任中共浙江省委书记的习近平在《弘扬“红船精神”走在时代前列》一文中这样写道：“我们要高举‘三个代表’重要思想的伟大旗帜，始终保持党的先进性，就必须永远铭记我们党的‘母亲船’。”

把红船称为“母亲船”，是因为在这艘船上诞生了伟大的中国共产党。“革命声传画舫中，诞生共党庆工农”。诞生一个具有9000万党员的大党，却是在这样一条小船上，这是一艘具有怎样巨大孕育能力的船啊?

把红船称为母亲船，是因为中国共产党自从在这条船上诞生的那一刻起，就传承了马克思列宁主义的基因。在这艘船上通过的第一个党纲、第一个决议，就高举了马克思列宁主义的旗帜，走在了时代的前列，为灾难深重的中国人民指明了正确的前进方向。

把红船称为母亲船，是因为在这艘船上燃起了革命的“星星之火”。母亲孕育的火种，撒向中华大地，才使沉睡千年的古老中国，凤凰涅槃，脱胎换骨，重新焕发了勃勃的生机。

把红船称为母亲船，是因为自从这艘船扬帆启航开始，我们的党虽然经历了无数的急流险滩、艰难曲折，但最后都能始终走在时代的前列，带领着全国各族人民，从胜利走向胜利。

总之，把红船称为母亲船，是因为我们今天所取得的一切成就，都是发端于这艘母亲船，来源于这艘母亲船。我们将来要实现中华民族的伟大复兴，实现“中国梦”，都依赖于这艘母亲船的指引！

第二章

“开天辟地的大事变”为什么会在上海积聚能量

红船的启航，与上海这个中国无产阶级最集中的城市紧密相关。上海从一个小渔村，逐渐成为帝国主义进行各种侵略和罪恶活动的据点。新旧力量在这里激烈较量

红船的启航，与上海这个中国无产阶级最集中的城市紧密相关。这里，本来是一片荒凉的滩涂。长江水浩浩荡荡从西方的昆仑山走来，几千公里的路程，它带来了大量的泥沙和含有丰富营养的腐殖物。它们沉积在这里，慢慢变成了长满芦苇的沼泽。各种生物在这里繁育起来，

◎ 19世纪的外滩是一片荒凉的滩涂（红色收藏家徐祖福提供）

特别是鱼虾，在这里非常多，以至于这里最为著名的是竹编捕鱼工具“扈”，早期的人类来到了这里，就是因为这儿鱼虾多，所以发明了这种捕鱼工具，最后这里的地名也干脆叫“扈”，后来转变为“沪”，成了上海的别称。

据考证，确实在距今5000年前的菘泽文化时期，上海地区已成为长江三角洲平原，我们的先民就已在此留下了足迹。春秋时期这里属吴国，战国时期先属越国，后属楚国。楚考烈王以黄歇为相，封为春申君，上海是他封邑的一部分，上海的另一个别称“申”，就源出于此。

“上海”这一名称的真正由来始于宋代，当时的上海，已开始成为我国的一个新兴贸易港口，那时的上海地区有十八大浦，其中一条叫上海浦，在今外滩至十六浦的黄浦江中，它的西岸有个上海镇，这些便是“上海”这一名称的由来。

◎ 上海开埠

元代的上海镇已有很大的发展，并设立了市舶司。此后，上海镇又升格为上海县。明代的上海已成为中国最大的棉纺业中心，商业经济日趋发达。清康熙二十四年（1685年），清政府在上海设立了海关。清乾隆、嘉庆年间，上海逐渐成为中国的贸易大港和漕粮运输中心，被称为“江海之通津，东南之都会”。

1840年6月，英国好望角舰队总司令乔治·懿律，率领舰队侵入中国广东海面，第一次鸦片战争正式爆发。1843年，在鸦片战争后，上海被殖民主义者强迫开辟为通商口岸。1845年，英国首先在上海设立了租界。之后，美国在上海设立租界。1849年，法国也在上海设立租界。1863年，英美租界合并为公共租界后，上海实际上被划分为华界、公共

◎ 1865年英商设立的耶松船舶修造厂，为英国在华工业投资中最大的企业之一

租界、法租界三部分，自1843年以后100多年里，上海成了外国殖民主义者在中国倾销商品，搜刮原料、钱财的主要口岸，上海因此也有了“冒险家的乐园”之称。

外国资本入侵的同时，上海产生了最早的一批产业工人。英商的祥生船厂和耶松船厂先后于1862年与1865年建成。到1894年，建成船厂达10家之多。同时，外国资本为了便于掠夺原料和推销商品，建立了各种加工厂，其中以丝厂最多。1878年前后建成了怡和、宝昌等丝厂7家。特别是公用事业方面的电车公司、电话公司、邮政局等垄断企业，长期稳定地形成了中国早期的产业工人。1894年前，已经雇佣工人达1.9万人。（见《一九二一年以前上海工人阶级状况》，《学术月刊》

◎ 上海公共租界工部局大楼（今江西路）

1961年7月号。)

清政府为了挽救被灭亡的命运，开始了“洋务运动”。1865年，李鸿章在上海创办了江南制造局，这是洋务派所办的规模最大的兵工厂，也是中国真正的近代军事工业。到1890年，洋务派在全国创办了21个大大小小的军工局厂。1890年，洋务派又在上海办起了“机器织布局”，中国最早的纺织工业也在上海形成。与此同时，中国的民族资本也于19世纪70年代在上海产生，建昌铜铁机器厂和高记木厂就在这个时期建成。1881年建起了一家缫丝厂“公和永缫丝厂”后，又产生了一批面粉、火柴、印刷等民族资本企业，有资料可考的达37家，工人1.4万多人。(见《一九二一年以前上海工人阶级状况》，《学术月刊》1961年7月号。)

◎ 江南制造总局

中国的民族工业比外国企业出现较晚，所以，毛泽东说：“中国无产阶级的很大一部分较之中国资产阶级的年龄和资格更老些，因而它的社会力量和社会基础也更广大些。”（《毛泽东选集》第二卷，人民出版社1994年版，第590页。）

在孙中山领导的辛亥革命爆发以后，上海作为民族资产阶级和同盟会的重要据点，起到了极为重要的作用。辛亥革命是中国近代史上一次严格意义上的资产阶级民主革命，它推翻了腐朽的清王朝，结束了中国延续两千年的封建君主专制制度，沉重地打击了帝国主义在中国的统治，一系列关于社会改革的政策法令的实施，为中国资本主义的发展创造了条件。但是由于民族资产阶级的先天不足，革命成果很快被帝国主义和北洋军阀所篡夺。辛亥革命只不过赶走了一个皇帝，换了一块民国的招牌，但中国半殖民地半封建社会的性质丝毫没有改变。

◎ 1915年9月15日，陈独秀在上海创办《青年杂志》（第二卷起改称《新青年》）

1915年9月，陈独秀在上海主办的《青年杂志》（第二卷起改称《新青年》）创刊，犹如黑夜中的一道闪电，振聋发聩，拉开了思想文化改造的新文化运动的序幕。新文化运动，举起了“民主”与“科学”两面大旗，其实质是在思想战线与文化战线的两条战线上交织展开进行的。它既是一场思想革命，又是一场文学革命。其主要内容是：提倡民主，反对封建专制和伦理道德，要求平等自由，个性解放，主张建立民主共和国；提倡科学，反对尊孔复古思想偶像崇拜，反对迷信鬼神，要求以理性和科学判断一切；提倡新文学，反对旧文学和文言文，开展文学革命和白话文运动。这个运动的代表人物是：陈独秀、李大钊、鲁迅、胡适等。

1917年初，陈独秀应北京大学校长蔡元培的邀请，出任北大文科学长（即文学院院长）。《青年杂志》编辑部移到北京，更名为《新青年》。由此，结集起一批新文化运动的主将，他们发表了大量具有指导意义的重要作品。以后的杂志撰稿人又扩展到青年学生的范围，突破了原有的小圈子，声势更为壮阔，最后形成新文化运动向全国迅猛扩张的火热场面。

◎ 在各界声援下，被捕学生获释。图为获释的北京高师学生返校时情景

新文化运动是资产阶级新文化与封建阶级旧文化的一场搏斗，从深处震撼了中国民众的文化心理结构，唤起了他们特别是知识青年的觉醒，起到了思想解放和对真理不断追求的作用，为行将到来的五四运动起了宣传和鼓动的作用。

1919年5月4日，北京爆发了震惊中外的五四运动。北大学生发起的为反对北洋政府在巴黎和会上签订丧权辱国的卖国条约而举行的大游行，迅速引起了全国的响应。到了6月3日之后，运动的中心由北京转到了上海。运动的主力由学生变为工人，由此形成了包括工人阶级、小资产阶级和民族资产阶级在内的反帝反封建的统一战线。

此时的上海，已经成为中国的经济文化中心。因此，五四运动爆发后，上海各阶层民众马上纷起响应。特别是到了6月3日，上海学生惊闻北京发生大逮捕的消息后，立即行动起来，向各省各界发出呼吁电文：“政府摧残士子，惨无人道，一致于此！同属国民，宁忍坐视？务乞主持公理，速起援救，性命呼吸，刻不容缓。”（《民国日报》1919年6月5日。）

上海各界决定在6月5日罢市。同一天，力量足以震撼城市工业结构的上海工人阶级，也开始以独立的政治姿态，举行大罢工。罢工使上海内外交通断绝，市内生活瘫痪。到6月12日，上海参加罢工的工人遍及纺织、印刷、机器、电车、航海、铁路、电话等行业。上海实现了罢课、罢市、罢工的新局面。

上海工人阶级率先登上中国的政治舞台，影响到天津、唐山、长辛店、九江等全国十几个城市的工人相继举行罢工，让统治阶级惊恐万状。淞沪护军使卢永祥和沪海道尹沈宝昌在给北京政府的急电中惊呼：

“此次沪上风潮始由学生罢课，继由商人罢市，近且将有劳动工人同盟罢工……星星之火，可以燎原，失此不图，将成大乱……上海为东南第一商埠，全国视线所集，内地商埠无不视上海为转移……民心向背，即时局安危。”(《申报》1919年6月10日。)

沪海道尹沈玉昌惊呼的“星星之火，可以燎原”，想不到就此就真的燃遍全中国。

五四运动以迫使北京政府拒签巴黎和约而胜利结束，把鸦片战争以来的民主革命推进到了一个新阶段。它是以学生为先锋、以工人阶级为主力的一场彻底的、不妥协的反帝反封建的伟大运动，并且升华为中国新民主主义革命的开端，把新文化运动推向了以传播马克思主义为主流的新时期，为中国共产党的成立，在思想上和干部上作了准备。

◎ 五四运动时期上海南京路五芳斋门口的罢市街景

“十月革命一声炮响，给我们送来了马克思主义”，南陈北李，相约建党，上海首先成立了中国共产党建党发起组

“驾!”“驾！”1920年2月的一天，在北京郊区荒凉的雪野上，一辆骡子拉的双轮篷车，走出朝阳门后，先南后东，走在通往天津的路上。骡脖子上的小铃铛，悠扬地响着。

春节前夕，正是这一带的生意人前往各地收账的时节。这个名叫陈独秀的北大教授，头上戴的毡帽压得低低的，身穿从一个北大教授王星拱家的厨师身上借来的背心，坐在骡车里面，他不时地探头望着前面，模样看起来像个土财主。他身上的这件背心，沾满了乌黑发亮的油渍，散发着油烟的气味。而那个叫李大钊的北大教授，则跨在车把上，打扮成收账的生意人的模样，“驾!”“驾!”地吆喝着，挥着手中的鞭子，急急地赶路。他的身边放着几本账簿，上面还印有店家的红纸片。

有谁能想象到，就在这辆小小的骡车上，这两个人正在边走边谈，商量着如何在中国建立一个像俄国布尔什维克这样的政党。

“是该建立中国共产党了，建立中国的布尔什维克！”就在这辆不断摇晃的骡车上，这两个人商量着严肃而重大的事情——“计划组织中国共产党”。（见高一涵:《李守常先生传略》，《民国日报》1927年5月24日。）

◎ 南陈北李　相约建党
（油画，作者：陈坚）

“我着手在北京作建党的准备，你在上海作建党准备。”李大钊对陈独秀说的这句话，后来被史学家称为“南陈北李，相约建党”中的一个经典。

1917年的俄国十月革命，给中国的先进知识分子送来了马克思主义的先进思想武器。五四运动以后，俄国十月革命的影响在中国迅速传播。由于受到这个时期工人运动的伟大影响，在中国产生了一批立志走十月革命道路的共产主义知识分子。他们敏锐地认识到，要从根本上改造中国社会，就必须建立一个像俄国布尔什维克党那样的无产阶级政党。

◎ 陈独秀

陈独秀和李大钊，就是中国最早酝酿创建共产党的开拓者、创始人。

作为五四运动的“总司令”，陈独秀于1919年6月因在北京散发反对北洋政府的传单而被关押。9月16日，经各界营救而出狱。他出狱后仍然受到警察的监视。为了躲避军阀政府的迫害，陈独秀辞去北大文科学长的职务，专门从事新文化运动。这时，他的思

◎ 李大钊

想更激进，成为有很大影响的社会主义宣传者。1920年1月29日，陈独秀应汪精卫、章士钊邀请到达上海，为西南政府筹办西南大学。2月1日又应武昌文华大学的邀请，从上海出发到达武汉，发表了《社会改造的方法与信仰》的演讲，引起了武汉三镇的轰动。当陈独秀准备返回北京时，警察已经守候在他在北池子的寓所门口，等他一到，马上执行逮捕。

李大钊得知这一危险信息，马上派《新青年》编辑高一涵及几位学到北京西车站守候，等陈独秀一下车，立即把他接到友人、北大教授王星拱家中，然后转移到李大钊自己家里。不久，李大钊决定亲自秘密护送陈独秀离开北京去上海。

这就是在那架骡车上，“南陈北李，相约建党”的由来。

陈独秀由李大钊送到天津后，即乘轮船来到了这个东方大都市——上海。

“呜——”轮船的汽笛声刚刚落下，陈独秀就已经看到了在码头上等候的五四运动的学生领袖许德珩。这是李大钊在送陈

◎ 上海环龙路老渔阳里2号

独秀上船后，打电报通知了许德珩来接的。

“老师，来，我来给你拿行李。”许德珩接过了陈独秀手中的行李。“李老师说您要在上海长住下来，让我给您找一个住处。我已经给您看好了，您去看看，行不行。”

师生两人来到了上海的法租界环龙路老渔阳里2号。这是一幢二楼二底坐北朝南的里弄石库门房子。

“很好，”陈独秀环视了一下说道，“德珩，谢谢你。这里房子够大，把《新青年》杂志搬回到这里来办足够用了，我又可以开始战斗了！”

有谁能想到，这个“老渔阳里2号”，今后我们将不断提起它。因为，它将成为孕育中国共产党的一个最为重要的指挥部。

陈独秀把《新青年》搬回到上海后，让他有时间沉下心来，思考这几年来所走过的道路。自从1915年在上海创办《青年杂志》，到1920年这次《新青年》搬回上海，五年的时间里，中国发生了多么巨大的变化。特别是1917年的俄国十月革命和1919年的五四运动，让他这个从信仰“德先生”和“赛先生”的资产阶级民主革命的斗士，转变成了一个马克思主义者。他和李大钊亲自领导了五四运动。但他对北京的学生运动作了深刻的反思，他深深地感到如果没有工人阶级的奋起，只有学生运动，是难以达到社会革命的目的的。

正是在这“老渔阳里2号”，他开始把目光转向了工人阶级，开始把马克思主义与中国的工人运动结合起来。他走出“老渔阳里2号”，来到了中华工业协会、中华工会总会等劳工团体调查，并深入了解上海小沙渡和码头工人的罢工情况。1920年4月2日，他来到了上海船务栈房工界联合会，发表《劳动者的觉悟》的演说。

“工人阶级是社会的台柱子！”陈独秀对着工人们喊道。“劳动界的觉悟分为两步：第一步的觉悟是要求改善待遇；第二步觉悟是要求管理权。”他希望工人们赶快觉悟，要把几千年来“劳心者治人，劳力者治于人”的话倒过来。（《新青年》第7卷第6号，1920年5月。）

1920年5月1日，是中国工人阶级在共产主义知识分子的组织下，第一次纪念自己的“五一国际劳动节”。

陈独秀在上海定居后，在他身边渐渐团结起了一批先进分子。一是主持《星期评论》的李汉俊、戴季陶、沈玄庐等人；二是主持《民国日报》副刊《觉悟》的邵力子；三是主编《时事新报》副刊的《学灯》和《解放与改造》的张东荪。特别是《星期评论》办得非常有生气，每期发行达十多万份，影响很大，它与北京的《每周评论》同被誉为“舆论界中最亮的两颗明珠”。李汉俊在此撰写过大量介绍马克思主义的文章。瞿秋白的夫人杨之华回忆道：“这个社当时有陈望道、李汉俊、沈玄庐、戴季陶、邵力子、刘大白、沈仲九、俞秀松、丁宝林（女）。施存统也在一起几个月，他后来去日本了。李汉俊是该社的思想领导中心。”（见《“一大”前后》（二），人民出版社1980年版，第26页。）

1920年5月，陈独秀、李汉俊等人在上海发起成立马克思主义研究会，学习和研究马克思主义的理论，酝酿建党问题。

1920年6月，陈独秀、李汉俊、俞秀松、施存统、陈公培5人，在“老渔阳里2号”的陈独秀寓所开会，讨论了建立中国共产党的问题，决定初步定名为社会共产党，之所以暂用这个名称，因为还需要同李大钊商量

（后来根据李大钊的建议，正式定名为中国共产党）。会上，起草了党章、党纲性质的若干条文，选举了陈独秀为书记，这标志着中国共产党最早的组织，在上海这个工人阶级最为集中的城市里的产生！

在上海诞生的中国共产党的第一个早期组织，实际上成为创建全国统一的无产阶级政党和中国社会主义青年团组织者和领导核心。为了使全国各地尽早建立党的早期组织，上海的共产党早期组织成员发函给全国各地的共产主义者，起到了中国共产党的发起组的作用。因此，亦被称为中国共产党发起组。

经过一年左右的时间，到1921年7月党的一大召开前，上海发起组的党员有：陈独秀、李汉俊、沈玄庐（定一）、陈望道、俞秀松、李达、杨明斋、邵力子、袁振英（震瀛）、沈雁冰（茅盾）、林伯渠（林祖涵）、李启汉、李中、沈泽民共计14人。

列宁亲自指派马林代表共产国际来华指导建党，引起各国警察高度关注，真是有一种“黑云压城城欲摧”的高度紧张

1920年7月，陈独秀在上海成立共产党早期组织的一个月后，在莫斯科的列宁，向着这东方的中国，给予了关注。

这时，共产国际的第二次代表大会正在苏俄召开。列宁亲切接见了来自荷兰殖民地——东印度的共产主义者马林。

“马林同志，我想请您参加共产国际的‘民族和殖民地委员会’工作好吗？”列宁紧握着马林的手，说道。

“列宁同志，我非常乐意参加这个委员会，愿为殖民地人民的民族解放斗争出力。”马林用流畅的英语跟列宁谈着。马林能讲英语、德语、法语、荷兰语，也稍懂俄语。正因为他的这种语言天赋，他这个荷兰的共产党人，可以奔走于世界各地，能用多种语言与人交流。

由于列宁对民族和殖民地人民的重视，他亲自担任着这个委员会的主席，而马林是这个委员会的秘书。

马林，1883年生于荷兰海港鹿特丹。中学毕业后，来到首都阿姆斯特丹，考入了荷京大学学习政治经济学，开始接触无产阶级革命的道理，并于19岁那年加入了荷兰社会民主党，他在铁路部门从事工会

工作，表现出很强的组织才能。30岁时，他被派往荷属东印度从事革命工作。他在那里发起成立了“东印度社会民主联盟”（印尼共产党的前身），并创办了荷兰文的《自由呼声报》和印尼文的《人民呼声报》，写了不少宣传马克思主义的文章。

1917年11月，列宁领导的十月革命取得了胜利，马林写了不少文章宣传十月革命，引起了荷属东印度总督的注意，被通缉。1918年马林被驱逐出境。之后，马林仍然领导着那里的革命斗争。1920年5月，马林以印尼共产党代表的身份参加了共产国际二大的筹备工作。

7月28日，共产国际的第五次全体大会上，马林作了发言：

“我认为在议事日程中没有别的问题比民族和殖民地问题对世界革命运动的进一步发展更为重要的了……

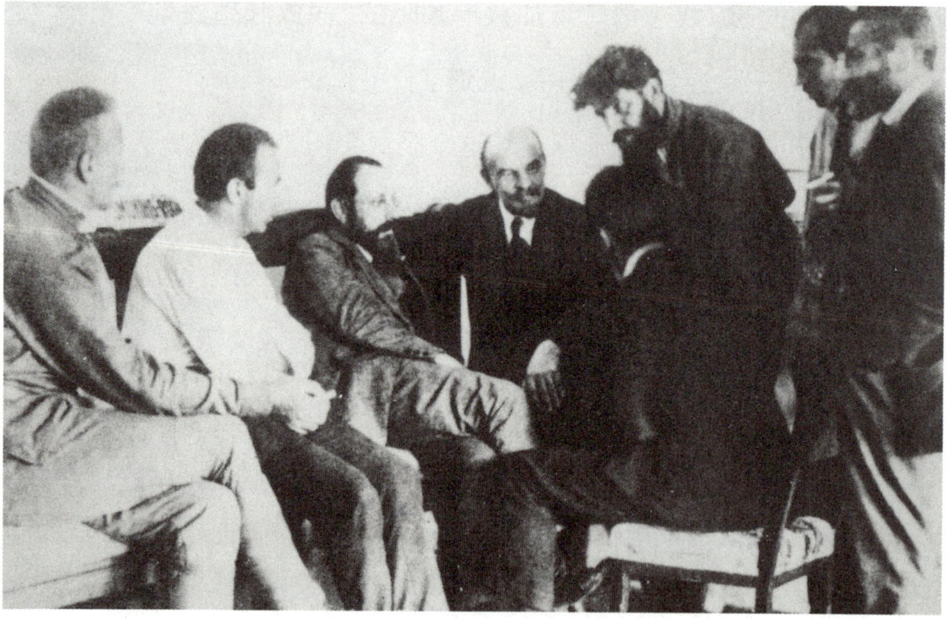

◎ 列宁、马林与东方国家代表在一起

“我愿建议在这里通过的提纲，由共产国际用几种东方文字印刷，特别在中国和印度的革命者中间分发……

“我们应该给东方革命者在苏俄学习理论的机会，以使远东能成为共产国际的一个有朝气的成员。”（《马林在中国的有关资料》人民出版社1984年版。）

在这次代表大会上，马林当选为共产国际执行委员会委员，相当于这个世界共产党的“政治局委员”，他进入了共产国际领导人的行列。

正由于马林有着丰富的殖民地领导工作的经验，在会议期间，列宁一次又一次地与马林讨论着民族和殖民地问题。

◎ 马林

列宁以他那敏锐的目光，关注着世界的东方，关注着东方举足轻重的大国——中国。列宁认为，“东方各民族对帝国主义的态度和他们的革命运动”，目前具有“最重大的意义”。然而，中国还没有共产党，列宁考虑把马林派往中国，帮助中国的革命者建立中国共产党。马林欣然接受了这个光荣的使命。

这样，马林成为列宁亲自选定的共产国际驻中国的代表。列宁在向共产国际的推荐书中这样写道："斯内夫利特（即马林）作为共产国际代表去中国，他的任务是查明是否需要在那里建立共产国际的办事机构。同时，责成他与中国、日本、朝鲜、东印度、印度支那和菲律宾建立联系，并报告它们的社会政治情况。"（转引自叶永烈：《红色的起点》，广西人民出版社2005年版，第199页。）

列宁的这份推荐书的内容，原是马林来华之后，在1922年五六月间写给共产国际执委会报告中提到的。这份报告共十三页，是用德文写的。当时马林在荷兰。当他把报告寄往莫斯科时，荷兰中央情报所截获了这一邮件。如今，这一文件保存于荷兰司法部档案处。在这份报告里，马林详细写及他在中国的一系列活动。

与列宁同时关注着中国革命的是俄共（布）远东局。他们的符拉迪沃斯托克分局于1920年4月，派出了以维经斯基（中文名吴廷康）率领的俄共（布）党员小组来到中国。他们的目的地是上海，途经天津、北京。随行的有翻译杨明斋，他是旅居俄国的华侨，俄共（布）党员，参加过十月革命。还有维经斯基的夫人库兹涅佐娃，秘书马迈耶夫及其夫人马迈耶娃等。他们的公开身份是记者。不久，俄共（布）远东局的负责人之一萨赫扬诺娃和党员斯托扬诺维奇（又名米诺尔）也来到北京，和他们取得了联系。维经斯基等人的任务是与中国的革命力量建立联系，同时考察在上海建立共产国际东亚书记处的可能性。

维经斯基一行到北京，受到李大钊的热情接待，并召开了座谈会、演讲会，给予热烈的欢迎。李大钊和他在北大红楼图书馆多次讨论了建立中国共产党的问题，并建议他赴上海会见陈独秀，共商建党大计。1920年4月下旬，维经斯基一行前往上海。陈独秀在"老渔阳里2号"为他们举行了多次座谈会，并直接促成了马克思学说研究会的成立。

◎ 维经斯基

然而，马林来中国的路上就没有这么顺利。当他持着荷兰护照，在奥地利申请前往中国的时候被拘捕了。他被奥地利当局驱逐出来，于1921年4月5日离开维也纳，4月21日从意大利威尼斯踏上"英斯布鲁克"号轮船，向着东方的上海航行之时起，整个资本主义世界的警察当局都对这个要去中国上海的荷兰人，如临大敌，高度地绷紧了神经。

马林在途经科伦坡、巴东、新加坡、香港时，都受到了严格的检查。

荷兰驻印尼总督府一等秘书分别于1921年5月17日、26日、28日三度致函荷兰驻沪代理总领事，密报马林行踪，并寄去了马林的照片。荷兰外交大臣也于5月18日致函荷兰驻华公使，要求公使"将荷兰危险的革命宣传鼓动者出现在远东的情况通报中国政府”。

荷兰驻沪代理总领事于1921年5月30日致荷兰驻华公使信中这样写道：

“不久前，荷属东印度政府电告，谓被从殖民属地驱逐出境的共产党斯内夫利特已乘‘英斯布鲁克’号汽轮（原名‘阿奎利亚’号）从新加坡来上海。稍后几日，其同党和支持者巴尔斯亦偕妻动身来沪……

“此间，我已将他们即将来沪一事通知各捕房。

“鉴于我认为目前尚无理由对此三人立即采取行动，而应首先弄清他们的行动计划是否属实，因此我已请各有关捕房采取必要的措施，对他们进行监视。”

也就在这一天，荷兰驻沪代理总领事致函上海工部局，通报了斯内夫利特和巴尔斯这两名“共产党人”正在前往上海，务必“密切注意他们的行动”。他还同时“通知中国警察界和公共租界捕房”。

6月3日，意大利的“阿奎利亚”号轮船徐徐驶入黄浦江。马林刚刚踏上上海码头，密探的眼睛便盯上了他。

现存于档案之中的上海法租界工部局致荷兰驻上海总领事信，第124号，1921年6月17日，G类156（所有G类材料统属荷兰外交部文件），总号2349，清楚地记载着马林的行踪：

“斯内夫利特乘意大利船‘阿奎利亚’号到达上海，住在南京路东方饭店，化名安德烈森。”

这“东方饭店”，就是永安公司楼上的大东旅社。维经斯基一行刚抵上海之际，也下榻于此。

马林下榻于大东旅社32号房间。翌日，他化名"安德烈森"，前往荷兰驻沪总领事馆办理手续，他声称自己的职业是"日本《东方经济学家》杂志记者"。不过，当他与中国人交往时，则用了一个中国化名——"倪公卿"。

马林的同事、印尼共产党人巴尔斯偕其十七岁爪哇妻子，也住进了大东旅社。巴尔斯化名"达姆龙"。

荷兰驻华公使在1921年7月1日致荷兰外交大臣的信中，这样透露巴尔斯夫妇的行踪：

"巴氏夫妇于6月10日离开上海前往哈尔滨，拟赴西伯利亚，荷属东印度政府已请我驻上海代理总领事监视其乘火车去哈尔滨的行踪，日本当局负责监视他们去西伯利亚的情况。"

也就在这封信中，荷兰驻华公使清楚地点明了马林的身份：

"我通知了中国政府：斯内夫利特系由莫斯科第三国际执行委员会委派前来远东进行革命煽动的……"

◎ 上海法租界

上海公共租界巡捕房注视着马林的一举一动。档案中所存信件还表明，就连在印尼三宝垄的马林的妻子也受到监视，马林与妻子的通信被逐封拆查，以求从中获得关于马林的情报……

现存的上海法租界密探对马林的监视记录是准确的，即马林是在1921年6月3日乘“阿奎利亚”抵达上海。在这方面，倒是密探“帮助”了历史学家！马林从南方坐海船来华，确实也只可能先抵达上海，而不可能先到北京。

同样，在那“G类”档案，亦即荷兰外交部的文件中，还有密探们关于马林行踪的跟踪记载：

“斯内夫利特于1921年7月14日离开南京路东方饭店，住进麦根路32号公寓。”

◎ 1862年建于公馆马路（今金陵东路）的上海法租界公董局（红色收藏家徐祖福提供）

麦根路，即今上海石门二路，与北京西路交叉。张国焘也曾回忆说，他去拜访过马林，当时马林“寄居在爱文义路一个德国人的家里”。爱文义路，即今北京西路。张国焘的回忆与密探当时的记录相符。

G类档案中还记载：

“9月底，他到汇山路（引者注：有人误译为“威赛德路”）俄国人里亚赞诺夫家居住。在这个地方一直住到1921年12月10日。”

汇山路，即今上海霍山路。霍山路在离市中心较远的杨树浦。大抵马林为了躲避密探的监视，特地住到了僻远的霍山路，却仍在密探的监视之中！

中国共产党尚在十月怀胎之中，它的敌对势力却已经虎视眈眈，高度戒备，企图伺机猛扑上来一口吃掉。

当时的形势，真是有一种“黑云压城城欲摧”的高度紧张。（本节主要内容参考自叶永烈《红色的起点》，广西人民出版社2005年版。）

各地共产党早期组织纷纷派出代表，13位代表是怎样产生的

马林有着丰富的地下斗争经验，他自知可能有密探在暗中监视他，所以从来不请人到他的旅社来，而是经常到环境优美的永安公司的楼顶花园，或是到人流密集、熙熙攘攘的“大世界”与人见面。

他很快与已经到达上海的俄共远东局派来的尼克尔斯基建立了联系。然后，又与上海共产党早期组织的代理书记李达以及李汉俊这“二李”秘密会面了。

“二李”的英文水平都非常好，能跟马林直接交流畅谈。李汉俊还会讲德语。尼克尔斯基因语言不通，只能在一旁听他们讲。

马林听了“二李”的汇报，认为中国共产党成立的时机已经成熟，建议尽快召开全国代表大会。

李达回忆道：“六月初旬，马林（荷兰人）和尼可洛夫（俄国人）由第三国际派到上海来，和我们接谈了以后，他们建议我们应当及早召开全国代表大会，宣告党的成立。于是由我发信给各地党小组，各派代表二人到上海开会，大会决定于七月一日开幕。”（见《“一大”前后》（二），人民出版社1980年版，第10页。）

马林拿出了带来的经费，每一位代表发给路费一百元，回去时再给

五十元。

代表名额按地区分配，每个地区派两名代表，并不考虑这一地区党员人数的多少。当时全国建立早期组织的有：上海、北京、长沙、武汉、济南、广州、日本、法国八个地区。因法国太远，信件往来及代表赶来时间太久，等不及了，所以就没有发邀请函。

◎ 尼克尔斯基

邀请函和路费发出后，各地区的党的早期组织纷纷派出了自己的代表。

1. 上海地区的代表

上海地区一大代表的产生，根据李达在1954年2月23日写给上海革命历史纪念馆负责同志的信中，讲述了这一过程：

> （一九二〇年）十一月间，书记陈独秀应孙中山（引者注：应为陈炯明）之邀，前往广东做教育厅长。书记的职务交由李汉俊代理。不久，威丁斯基（引者注：即维经斯基）也回到莫斯科去了（引者注：应为伊尔库茨克）。后来李汉俊因与陈独秀往来通信，谈到党的组织，

中央集权或地方分权问题，两人意见发生冲突，陈主张中央集权。李主张地方分权，愤而辞去代理书记的职务，交由李达代理书记。

除了“二李”，照理，陈望道应是上海的代表。陈望道不仅负责《新青年》编辑工作，而且上海共产党早期组织的重要事情总是由“二李”、陈望道和杨明斋商量决定。此时，杨明斋去了伊尔库茨克。虽然规定每个地区选两名代表，而会议是在上海召开，上海即使出席三名代表也不妨。关于这个问题，据李达回忆：

“李汉俊写信给陈独秀，要他嘱咐新青年书社垫点经费出来，他复信没有答应，因此李汉俊和陈独秀闹起意见来。”

陈独秀还以为这个要经费的主意是陈望道出的，于是迁怒于陈望道。《中国共产党党史人物传》第二十五卷《陈望道》一文中叙述：

“陈望道生前曾多次对人谈起，他曾被推选为上海地区出席党的第一次代表大会的代表，因会前他与陈独秀发生争执，故未去参加。”

因此，上海地区出席一大的代表是“二李”：李达、李汉俊。

2. 北京地区的代表

北京地区代表的产生过程，我们也根据当事人的原始资料来介绍。

罗章龙的回忆是这样的：

一九二一年暑期降临的时候，我们接到上海方面的通知（时独秀亦从南方来信，不在上海）要我们派人去参加会议，我们对会议的性质并不如事后所认识的那样，是全党的成立大会。时北方小组成员在西城辟才胡同一个补习学校兼课，就在那里召开了一次小组会议，会上推选赴上海的人员，守常先生那时正忙于主持北大教师索薪工作（原索薪会主席为马叙伦，马因病改由守常代理，这次索薪罢教亘十个月之久）。在场的同志因有工作不能分身，我亦往返于长辛店、南口之间，忙于工人运动，张国焘已在上海，乃推选张国焘、刘仁静二人出席，会上未做更多的准备工作，刘仁静赴南京参加少年中国学会，会后才到上海的。

罗章龙之孙罗星元则曾这样记述罗章龙的回忆：

一九二一年中共“一大”前夕，我爷爷接到上海中央的通知要去上海参加“一大”会。可是他那时在北方领导工人运动，工作非常忙，竟然脱不开身。他拿着中央召开“一大”会的通知找到刘仁静说让刘仁静代替他去，因为刘仁静当时的主要工作是任英语翻译。这就是爷爷为什么没有出席“一大”会的原因。刘仁静生前曾将以上情况告诉了中国革命博物馆，但我不知道刘仁静是口述还是写成了书面的回忆。

刘仁静是这样回忆的：

一九二一年暑假，我们几个北大学生，在西城租了一所房子，办补习学校，为报考大学的青年学生补课。张国焘教数学、物理，邓中夏教国文，我教英文。正在这时，我们接到上海的来信（可能是李达写的），说最近要在上海召开中国共产党第一次代表大会，要我们推选出两个人去参加。我们几个人——张国焘、我、罗章龙、李梅羹、邓中夏就开会研究，会议是谁主持的我已记不清楚。李大钊、陈德荣没有参加这次会议。会前是否征求李大钊先生的意见我不知道，李先生很和气，就是征求他的意见他也不会反对。在会上，有的人叫邓中夏去上海开会，邓中夏说他不能去，罗章龙也说不能去，于是就决定由我和张国焘两个人去出席"一大"。

李大钊没有出席中国共产党一大，是人们所关注的。刘仁静如此回答：

"李大钊先生当时没有参加'一大'，我不知道是什么原因。我估计一方面是他工作忙，走不脱；另一方面，当时我们北京小组开会研究谁去上海出席'一大'时，也没有推选到他。"（见《"一大"前后》（二），人民出版社1980年版，第209—211页。）

张国焘则说："北京支部应派两个代表出席大会。各地同志都盼望李大钊先生能亲自出席；但他因为正值北大学年终结期间，校务纷繁，不能抽身前往。结果便由我和刘仁静代表北京支部出席大会。"（见《"一大"前后》（二），人民出版社1980年版，第168页。）

这样，张国焘、刘仁静成为北京地区的一大代表。

3. 武汉地区的代表

现在能找到武汉地区产生代表的情况的原始资料的，只有武汉地区一大代表的回忆。

董必武在一九三七年接受尼姆·韦尔斯的采访时说：“我参加了一九二一年七月在上海召开的第一次代表会议……湖北省派陈潭秋和我。”

陈潭秋在一九三六年说：“武汉共产主义小组代表是董必武同志和我。”

4. 长沙地区的代表

长沙地区一大代表的产生，当事人的回忆比较少。有较确切记载的是谢觉哉的日记。

1921年，《谢觉哉日记》中有如下记录：“六月二十九日，阴。午后六时，叔衡往上海，偕行者润之，赴全国○○○○○之招。” 据谢觉哉说，“○○○○○”即“共产主义者”。生怕暴露秘密，画圈代意。

他还回忆说：“一个夜晚，黑云蔽天作欲雨状，忽闻毛泽东同志与何叔衡同志即要动身赴上海，我颇感他俩行动的‘突然’，他们又拒绝我们送上轮船。后来知道：这就是他俩去参加中国共产党第一次代表大会——伟大的中国共产党诞生的大会。”（谢觉哉：《第一次会见毛泽东同志》。）

毛泽东跟斯诺谈话时，提及一句：“在上海这次有历史意义的会议上，除了我以外，只有一个湖南人（引者注：指何叔衡）。”

何叔衡于1935年牺牲，没有留下回忆文章。

长沙地区一大代表是：毛泽东、何叔衡。

5. 广州地区的代表

广州地区一大代表产生的过程，包惠僧的回忆最详细。他说："此时，陈独秀及我都在广州，接到临时中央的信，要陈独秀回上海，要广州区派两个代表出席会议。陈独秀因为职务离不开，即召集我们开会，决定推选我同陈公博代表广州区。"

他又说："有一天，陈独秀召集我们在谭植棠家开会，说接到上海李汉俊的来信，信上说第三国际和赤色职工国际派了两个代表到上海，要召开中国共产党的发起会，要陈独秀回上海，请广州支部派两个人出席会议，还寄来二百元路费。陈独秀说第一他不能去，至少现在不能去，因为他兼大学预科校长，正在争取一笔款子修建校舍，他一走款子就不好办了。第二可以派陈公博和包惠僧两个人去出席会议，陈公博是办报的，又是宣传员养成所所长，知道的事情多，报纸编辑工作可由谭植棠代理。包惠僧是湖北党组织的人，开完全会后就可以回去（会前陈独秀与我谈过，还让我回湖北工作，大概他已经接到上海的信了）。其他几个人都忙，离不开。陈独秀年长，我们又都是他的学生，他说了以后大家就没有好讲的了，同意他的意见。"（见《一大前后》（二），人民出版社1980年版，第386页。）

另一个一大代表陈公博回忆说："上海利用着暑假，要举行第一次代表大会，广东遂举了我出席……"（见《"一大"前后》（二），人民出版社1980年版，第419页。）

6. 济南地区的代表

王尽美、邓恩铭早逝，没有留下相关的回忆文章或谈话记录。

7. 旅居日本的代表

根据施存统的回忆，他们旅居日本的共产主义者只有两名。他俩都是一大代表，只是他自己没有出席而已。他说：“日本小组还只有两个人，即我和周佛海。我们二人互相担任党代会的代表，最后由周出席（因为周已多年未回国）。”（见《“一大”前后》（二），人民出版社1980年版，第34页。）

周佛海自己回忆说：

“我接着上海同志的信，知道七月间要开个代表大会。凑巧是暑假期中，我便回到上海。”（《亲历者说：建党纪事》，解放军出版社2011年版，第126页。）

包惠僧的回忆，也印证了施存统的说法：

“代表大会代表的产生，是以地区为标准，不是以党员数量为标准的。七个地区，每个地区产生两个代表，东京虽然只有两个党员，也产生两个代表，但其中只有一人回国，所以只有一个代表出席。”（《亲历者说：建党纪事》，解放军出版社2011年版，第60页。）

这样说来，施存统本来是一大代表，但他没有出席，可惜了。

旅居法国的共产党人人数不少，而且都是一些坚定的马克思主义者，如周恩来、赵世炎等。但由于路途遥远，通信与交通费日太久，没有通知他们派代表来参加。

这样，共7个地区的13名共产主义者，正式出席了党的成立大会，成为了中国共产党的创建者。他们是：上海的李达、李汉俊，武汉的董必武、陈潭秋，长沙的毛泽东、何叔衡，济南的王尽美、邓恩铭，北京的张国焘、刘仁静，广州的陈公博，旅日的周佛海，以及由陈独秀指定的代表包惠僧。

第三章

中国共产党第一次全国代表大会为什么会转移到嘉兴南湖

党的一大在上海举行，引起敌人的恐慌。法国巡捕房来会场搜查，北洋政府派人来投炸弹，哪里还能找到一个安全的会场

党的一大计划是全部在上海举行的。

因陈独秀、李大钊未能出席会议，李达、李汉俊虽然做了会议准备工作，但他们是学者型的人物，都不喜欢交往，不轻易附和别人，爱坦率地表示自己的不同见解，喜怒形于色。他们与马林之间关系不太融洽。马林毫不客气地要他们报告工作情况，又要他们的工作计划和预

◎ 1921年的上海

算。他们便坦率地表示：中国共产党还未正式成立，是否加入共产国际，还没有决定。共产国际如果支持我们，我们愿意接受，但须由我们按实际情况自由支配。二李与马林差一点儿吵了起来。

张国焘虽然比二李小7岁，但显得圆滑，他既与马林谈得来，又与二李亲密，他成了马林与二李间的协调人。虽然二李为中共一大做了筹备工作，张国焘来后，反客为主，筹备工作的主动权，便落到他的手里。

1921年7月23日晚8时，出席会议的代表三三两两来到会场。中国共产党第一次全国代表大会在上海法租界望志路106号(今兴业路76号)召开。会场陈设简朴，气氛庄重。出席者共13人，他们代表着50多名党员。共产国际代表马林、尼克尔斯基也出席了会议。

这是一批想改变中国命运的年轻人，平均年龄只有28岁。年龄最大的是何叔衡，45岁，其次是马林，38岁，董必武35岁，李汉俊、陈公博、李达31岁，毛泽东28岁，包惠僧27岁，陈潭秋25岁，周佛海、张国焘24岁，王尽美、尼克尔斯基23岁，邓恩铭20岁，刘仁静19岁。

会议推举了24岁的张国焘为会议主席。毛泽东、周佛海为记录。

张国焘向大会报告了会议筹备经过，说明了这次代表大会的重要意义和会议的议程，提出应讨论的具体问题。接着马林、尼克尔斯基热情地致辞，由李汉俊、刘仁静即席翻译。马林对中国共产党的成立表示祝贺。他介绍了共产国际的概况，并建议把会议的进程及时报告共产国际远东书记处。随后，代表们具体商讨了大会的任务和议程。

7月24日，各地代表报告本地区党团组织的情况。25日、26日休会，用于起草党的纲领和今后工作计划。27日、28日和29日，连续举行三次会议，对党的纲领和决议作了较为详尽的讨论。

这天，是1921年7月30日，盛夏中的上海气温高达37℃。就在这闷热的晚上，一些代表陆续来到法租界望志路的一幢石库门——李公馆里，他们将参加中共一大的第六次会议，也就是最后的闭幕式。当天出席中共一大闭幕式的共有14人：其中中共一大代表12人（周佛海因腹泻没有出席会议），共产国际代表两人。会议计划由共产国际代表马林讲话，通过党纲等决议，然后就要宣告中国共产党的诞生。就在这次最为重要的闭幕会议上，出现了变故。

这天会议刚开始，一个穿灰布长衫的人，突然推进门来，掀起了白色的门帘，向会场的人扫视了一遍，说道："对不起，走错了！"转身

◎ 中共一大会址

就走了。

马林听了，从座位上一跃而起："有情况，我建议会议立即停止，迅速分散撤离！"说着，匆匆收拾起桌上文件，率先从后门离开了会场。于是除李汉俊和陈公博外，所有与会者都快速撤离会场，然后分散离开。

中共一大代表撤离会场后不到15分钟，法租界巡捕房就开来两辆警车，派来1个法国总巡、2个法国侦探、2个中国侦探、1个法国兵、3个翻译，共9人。他们包围了李公馆，然后冲进公馆翻箱倒柜，严密搜查，并盘问了留守的李汉俊和陈公博。最后因为没有搜查到有价值的东西，只好怏怏而去。

◎ 中国共产党第一次全国代表大会（油画）

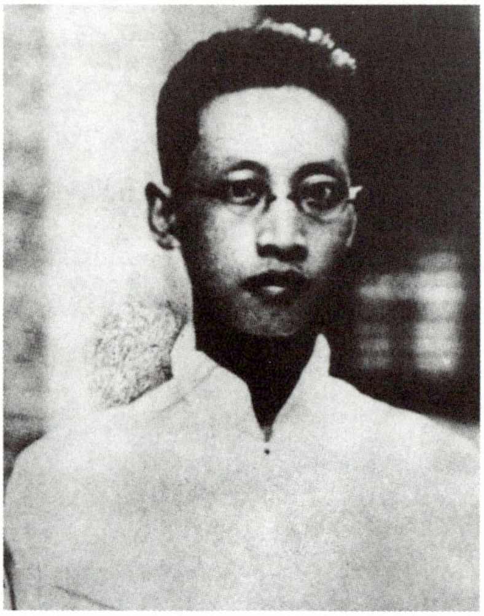
◎ 李汉俊

关于整个搜查的过程，陈公博在1944年有一段回忆。虽然他此时已经是汪伪政权的大汉奸，回忆倒是很详细，录以备考：

……终于一天晚上，变故遂降临了。我们在汉俊楼上开会，人还没到齐，俄代表马令（林）和吴庭斯基（维经斯基）也到了，忽然有一个仆人跑上楼来报告，说有一个面生可疑的人问他经理在家否，这个仆人也算机警，急急上楼报告。俄国代表一听这样说，或者因为长期经验关系罢，立刻主张解散，我看各人本来已有慌张，一听马令（林）主张解散，都开前门分头逃走，上海的弄堂房屋本来就是惯走后门而不走前门的，大家往前门走，等于事急走太平门的办法。

我本来性格是硬绷绷的，平日心恶国焘不顾同志危险，专与汉俊为难，到了现在有些警报又张惶的逃避。心中又是好气，又是好笑，

◎ 陈公博

各人都走，我偏不走，正好陪着汉俊谈话，看到底汉俊的为人如何，为什么国焘和他有这样的恶感。他们走后不到三分钟，我和汉俊谈不上几句话，突然前面出现了几个人。现在我还记得，有三个法国警察官，有四个中国的便衣密探，至于外面还有多少人，那我被关在楼上是不知道的。这班人上楼之后，空气一时非常紧张，有两个人监视着我不许离开座位，不许说话，甚至乎不许喝茶，其余的人便监视着汉俊往房间和各处搜索。为首的法国警察，问谁是主人，汉俊不慌不忙的自己承认。这样搜索，花了一个多钟头，什么都看过，惟有摆在抽屉一张共产党组织大纲草案，却始终没有注意，或者他们注意在军械罢，或者他们注意在隐密地方而不注意公开地方罢，或者因为那张大纲写在一张簿纸上而又改的一塌糊涂，故认为一张无关重要的碎纸罢。连看也不看。这样过了一个多钟头，才审问汉俊。他们问汉俊为什么家藏许多书，汉俊是懂得几句法语的，告诉他们他是学校教员，藏书是要来供参考和研究之用。他们问为什么有许多社会主义书籍，汉俊说他兼任商务印书馆的编译，什么书都要看。他们问汉俊那两个外国人是什么人，汉俊说是英国人，是北大的教授，这次暑假来沪常常来谈。

审讯完汉俊之后，便轮到我了。在搜索时间，我不能发言，我不能起身，但抽烟是可以许可的。自从国焘们走后，汉俊开了一听长城牌烟卷，我们刚刚燃着一枝，法国警察便上来，我坐着没有事做，连续把那余下的四十八枝烟卷吸完，终于被审问了。还幸他们问的早一点，若再迟五分钟，便无烟可抽，真是不知如何是好。法国巡捕开始用法语问我，我那时还未习法文，旁边一个中国人说："总办大人是问你是不是日本人"？这时，我很诧异，为什么那位先生倒以为我是日本人。我想还是直接通话为便罢，遂用英语问他懂不懂英语。这样，他便用英语问我，以下是开始的简单问答：

"你是不是日本人"？警官很神气的。

"我是百分之百的中国人。我不懂你为什么怀疑我是日本人"？我有些开玩笑。

"你懂不懂中国话？"

"我是中国人，自然懂中国话。"

"你这次由什么地方来的？"

"我是由广东来的。"

"你来上海什么事？"

"我是广东法专的教授，这次暑假，是来上海玩的。"

"你住在什么地方？"

"我就住在这里"，我一想不好，我决不能告诉他我住在大东，在旅馆我还有许多关于社会主义的书籍，也有广东共产党的报告，所以这样告诉他。

法国警官的态度似乎缓和了，但关于我是否日本人的问题，他还反复研问，我揣测他这样寻根觅究，也许他另接报告，以为我们中日俄党人在这里开什么会。这样又经过半个钟头，那位法国先生便用法语向汉俊演说一番，后来汉俊告诉我，法国人所说的话，大意说知道我们是知识分子，大概想有某种的企图，但中国教育还未普及，什么都谈不到，希望我们以后专在教育上用功，今天既然找不到证据，只好便宜我们了。

他们一窝蜂下楼之后，汉俊便催我急走，我说危险算是过去，我们何必事后张惶，再开一听长城牌享受一下罢，因我不吸烟又半个多钟头了。尤其是难受的，两个钟头未喝茶，口干得利害。汉俊重新叫人煮水沏茶，楼梯又响，我那时真有些吃惊，难道他们又卷土重来，谁知那人头探出来的是包惠僧。惠僧问我们法国巡捕走了没有，我说此非善地，你还是快走罢，详情明日再谈。惠僧走后，我和汉俊再谈几句，看时计已十点多钟，遂和汉俊告别。（见《“一大”前后》（二），人民出版社1980年版，第421—424页。）

实际上，前面已经说过，租界警方当时已得到共产主义组织要在上海开会的情报，早已虎视眈眈，监视着马林的一举一动。

就连日本警视厅也在6月底得到情报说，“上海支那共产党 ”近期将召集各地代表开会。这份报告没有涉及情报来源，日本警视厅是通过何种渠道搞到这份情报的不得而知。但是，按照当时的外交惯例，日本警方的情报肯定通报给了在上海的各国当局。所以说，马林来到李公馆开会时，就已经引起法租界当局的警觉。

更有一件让人震惊的事：巡捕房的便衣巡捕在公共道路萨坡赛路

(今淡水路)上例行巡逻时，拦下两个操着一口北方话的形迹可疑的人，在他们身上搜出两颗手雷。带回巡捕房政治组后，法国巡捕房对这两人进行审问，最终了解到，北京政府对其许诺，如果能将这两颗手雷扔到共产党开会的地方，就给他们一万大洋。这两个人还透露，有人已将红色政权在7月某日开会的信息出卖给段祺瑞政府。(见叶永烈:《红色的起点》，上海人民出版社1991年版。)

形势十分危急，一触即发。

所有与共产主义敌对的势力，都对上海的这次会议如临大敌，虎视眈眈，准备把新生的共产党扼杀在摇篮之中，一网打尽!

一大会议被迫中断。必须变更会场地址，才能把会议开完。

但哪里有一个安全的地方呢?

负责会务工作的青年团员王会悟，承担起了“卫士”的重任

在会议期间，有一个人忙忙碌碌、严谨踏实地做着会务工作。她就是上海代表李达的夫人——王会悟。而会议开到后来，一大会议从上海转移到嘉兴南湖的提议，首先是她提出来的。

关于王会悟，我们可以从1993年11月18日新华社发布的《李达同志的夫人王会悟在京逝世》的电讯中得到最为官方的评价：“王会悟同志是中共创始人之一李达同志的夫人。她在党的一大筹备期间，做了很多有益的工作。”

王会悟，1898年7月8日出生在浙江省桐乡县。其父亲王彦辰是晚清秀才，开着一家私塾，母亲贤惠能干，刺绣技术远近闻名。王会悟从六七岁起就开始接受父亲的启蒙教育。她从小就接受新思想、新文化，思想进步，在她的同学中，还有一个比她大两岁的亲戚，就是后来成为著名作家的茅盾(沈雁冰)。他们之间不仅是同学关系，还是亲属关系，而论辈分，王会悟是沈雁冰的表姑。

王会悟13岁时，其父病故，由于家庭经济拮据，她不得不从嘉兴师范学校退学回到家乡，接替父业继续教书。1918年，王会悟不堪受人藐视，去了湖州的胡郡女塾攻读英语，这是美国人办的教会学校。起初，

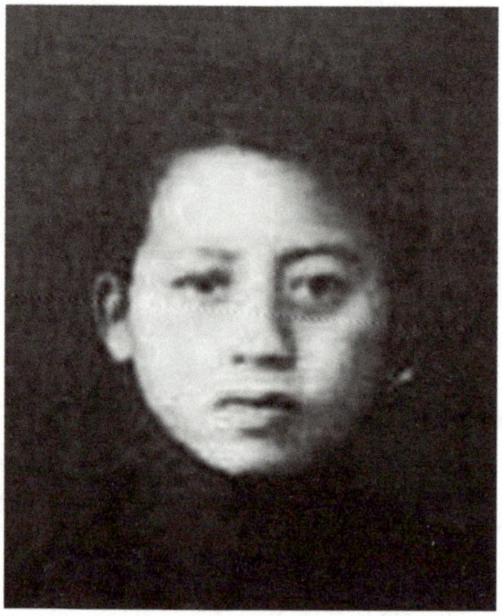

◎ 1921年前后的王会悟

她半工半读。在里面边念书、边给学校打扫卫生，后来，老师发现她中文功底不错，就将她推荐给校长。经考察，校长决定让王会悟给学校牧师的夫人们当老师。在校期间，她经常阅读《新青年》杂志，并用白话文大胆地给陈独秀、李达、恽代英等她所敬佩的社会名流写信，表示赞成提倡白话文，拥护他们所宣传的新思想，令她意外的是陈独秀还给她回信说："没想到我们的新思想都影响到教会学堂了。"并夸奖王会悟"有胆识"，勉励她"多读书"。

1919年，全国爆发了声势浩大的反帝反封建的五四爱国运动， 王会悟为了追求新思想，来到新思想荟萃、风云人物云集的大上海求学。后经上海学联介绍，来到上海中华女界联合会会长、黄兴夫人徐宗汉那里做文秘工作。在这里，她拜会了陈独秀，并加入了陈独秀创办的中国共产主义青年团，光荣地成为中国第一批共青团员之一。当时李达是中国留日学生总会代表，经常回国，并和女界联合会有工作上的联系。此时，王会悟结识了李达，常帮他誊抄文章。在工作接触中，王会悟很是敬佩李达渊博的学识和才华。由于志趣相近，接触又多，遂萌生爱情。1920年下半年，由陈独秀夫人高君曼操办，在上海法租界老渔阳里2号陈独秀的家里，李、王二人结成了革命的伴侣。新房就设在陈独秀家二层楼房的底层。婚后，这对革命青年积极投身革命洪流，为筹建中国共产党而奔走操劳。

当决定在上海召开中共一大会议后，因陈独秀在广州，李大钊在北京，在上海的李达和李汉俊就成了一大的具体筹办者。他们把会议选址、寄发会议通知、安排与会代表食宿等会务工作都交由王会悟办理，李达对她说："一定要完成任务，这是组织的命令。"王会悟也就成为唯一的会务工作人员。为了开会的地点，王会悟找了好几个地方，都不太理想。她也曾想把一大会址安排在自己的故乡嘉兴乌镇，但乌镇是个小地方，一下子去那么多陌生人引人注目，这个安排被上海发起组否定了。

后来她选中了当时人称"李公馆"的法租界望志路106号（今兴业路76号）。请看她的《我为党的一大安排会址》所言："关于会场，我想到李汉俊的哥哥李书城到外地避暑去了，房子空着，就去找李汉俊商量借用，李汉俊一口答应了。"

这里是李汉俊的兄长、同盟会元老李书城的住宅，兄弟俩都住在这里。李书城曾任武昌首义战时总司令部参谋长，参加过"讨袁"、"护法"战争，当时住宅里只剩下李汉俊及厨师、女佣看家。厨师、女佣忠诚老实，不会多管闲事。且李公馆环境僻静，前后有门，出入方便，这些都有利于会议安全顺利进行。再则，有李书城的显赫身份作掩护，官

◎ 1919年的王会悟

府、军警是不敢贸然光顾李公馆的，安全系数相对高些。

王会悟选这里用作一大会址，得到了上海发起组的同意。

除了开会的会场，还需要一个安全的住宿膳食处。一大的代表们大多来自全国各地，必须解决安全的住宿场所。王会悟考虑再三，想到了法租界的博文女校。王会悟回忆说，时学堂放暑假，校内无人，不会引人注目，安静又安全，离会场又不远，代表们来去方便。

主意已定，王会悟登门拜访了博文女校校长黄绍兰。王会悟说，北京大学暑期旅行团来了上海，他们都是李达的朋友，托我租借女校校舍作为下榻处，如今女校放假，就请给个方便。

黄绍兰爽快地答应了。王会悟经实地察看，租下了前面一幢楼上的3间校舍。

代表们陆续到达，其中毛泽东、何叔衡、董必武、陈潭秋、王尽美、邓恩铭、刘仁静等人住进了博文女校。

7月23日，13名代表聚集在博文女校住

宿处，举行了一大预备会议，推举张国焘为大会执行主席，毛泽东、周佛海为会议记录，还商讨了会议议程。

这天，王会悟也来了女校，坐在阳台上边摇芭蕉扇，边注视校门及上楼来的方向。

7月30日晚上，在“李公馆”举行最后一次会议。开完今天的会，一大就可以闭幕了。而这天晚上，她正在为会议担负警卫工作。

据王会悟回忆，她像往日开会时一样，在楼下照看门户，观察动静。突然发现一个陌生男子，从厢房出来往楼上走，王会悟忙问李家的厨师这是谁，厨师答是侄少爷的同学。她琢磨这事有蹊跷，就去会场报告，然为时已晚。

这个身穿灰色长衫的中年男子，从那扇虚掩的后门，突然闯入会场，朝着室内的人环视一周。众人对这个陌生人的闯入，感到诧异。

房主李汉俊问这个不速之客：“你找谁？”

“我找社联王主席。”那人答道。

附近有一个“社联”，但那个组织没有人姓王，也不设主席。

李汉俊颇警觉：“这不是社联，社联也没有什么王主席。”

“对不起，找错了地方。”那人哈了哈腰，然后匆匆退了出去。

马林具有秘密工作的经验，他用英语询问李汉俊：“这是怎么回事？”

李汉俊当即用英语作了简要的答复。马林用手猛击桌子，“砰”的一声。马林站起来果断地说：“一定是包打听！我建议会议立即停止，大家迅速离开！”

后来，多位参加一大的代表对密探闯入会场有过回忆。

包惠僧对闯入者的服装记得最清楚，闯入的陌生人“穿着灰色竹布长褂”。他态度很好，几乎所有回忆者都听到他低声说“对不起”。

这个突然闯入的“陌生人”，确实是法国巡捕房的密探

经考证，闯入会场的“陌生人”确实是法租界巡捕房的密探，名叫程子卿。

法租界当局因为得到情报，共产党人要在上海开会，为此立即制定了一个条例，这就是上海报纸报道的《取缔集会条例》。条例规定，自8月1日以后，凡集会须于48小时前取得法租界警察局局长许可，秘密集会或不申明集会目的者，一旦探知，即加以处罚。

这很可能是已经提前侦知共产党要开一大会议的相关信息，加强警戒的一个步骤。

于是，在7月30日当晚，法租界巡捕房就派程子卿进入李公馆侦查，见机行事。但是，人们是如何知道程子卿就是闯入会场的那名密探呢？考证此事、确定密探身份的，是作家叶永烈先生。

1990年，叶永烈采访了原法租界巡捕房督察长薛畊莘，他是此事的知情者，密探身份的谜底由此被揭开。叶永烈在《名人历史现场》中写道：“很偶然，我的长子有一回到上海电影制片厂导演中叔皇家去。中叔皇听说我在写关于中共一大的长篇文章，马上就说可找薛畊莘先生聊聊，因为他曾在上海法租界巡捕房工作多年。”

◎ 程子卿

叶永烈于是在1990年8月9日前去拜访薛畊莘的。薛是混血儿，父亲是中国人，母亲是英国人。他生在上海，9岁时到比利时，英语、法语都极为流利。母亲对他说：“你应当爱你父亲的祖国。”他后来回到上海，在上海的法文日报工作。1929年，他考入上海法租界巡捕房。翌年，进入巡捕房的社会科工作。

叶永烈追问薛畊莘是否了解法租界巡捕房在1921年搜查李公馆的情况，薛说他听上司程子卿讲起过。程子卿曾在20世纪30年代末跟薛聊及，1921年曾往李公馆搜查——当时只知道一个外国的“赤色分子”在那里召集会议。首先闯入李公馆侦查的便是程子卿本人。

后来，上海社科院历史研究所的学者对薛畊莘进行了口述采访。1991年，叶永烈的《红色的起点》由上海人民出版社出版，首次公开披露程子卿是闯入一大会场的人。

薛畊莘说，虽然在历史记录中，“穿灰色长衫的法国巡捕密探”程子卿打断了共产党的会议议程，但事实上，很可能就是程子卿此次探秘行动挽救了当天参会的共产党员。

在讲述程子卿探秘会场的原因时，薛畊莘引用程子卿的解释说："1921年6月底，中央巡捕房的便衣巡捕在公共道路萨坡赛路(今淡水路)上例行巡逻时，拦下两个操着一口北方话的形迹可疑的人，在他们身上搜出两颗手雷。带回巡捕房政治组后，我们对这两人进行审问，最终了解到，北京政府对其许诺，如果能将这两颗手雷扔到共产党开会的地方，就给他们一万大洋。这两个人还透露，有人已将红色政权在7月某日开会的信息出卖给段祺瑞政府。"

程子卿根据这些情况，将此事报告巡捕房刑事组长查扎尔先生，希望能够通知共产党领导人转移中共成立大会召开的地点。薛畊莘在他的法文版回忆录里说，他甚至认为，是程子卿有意放了共产党人。因为法国巡捕们都很清楚，如果密探程子卿想抓住那些开会的人，他们一个都逃不掉。

当然，对薛畊莘的这种"程子卿有意放了共产党人"说法，目前尚无其他史料能加以证实。

不管怎么说，程子卿的便衣探访，引起了马林、张国焘等人的高度警觉，他们立即休会，中共一大因此转移至嘉兴南湖召开了最后一天的会议。刚刚诞生的中国共产党由此躲过一劫。程子卿本是一个微不足道的小人物，但闯入中共一大的事情却使他在历史上出了名。

程子卿生于1882年3月3日，江苏镇江人，初中毕业，在当时文化程度算是比较高了。1900年前，程子卿从镇江到上海谋生，在十六铺码头

◎ 中为密探程子卿

做搬运工。后来程子卿结识了帮会首领黄金荣和丁顺华，“他们三人因气味相投，结拜为青帮弟兄”，人称“黄老大”(黄金荣)、“丁老二”(丁顺华)、“程老三”(程子卿)。

黄金荣、丁顺华、程子卿结拜兄弟后，早年曾在郑家木桥一带做坏事。当时，洋泾浜里船只很多，浦东的商人划着船来此经商，黄金荣等便经常敲诈或抢劫。他们在法租界敲诈后就跑到洋泾浜，逃到英租界。反之，又跑回法租界。后来，法国人“以毒攻毒”将黄金荣引入巡捕房，果然租界的秩序正常了。

黄金荣于1892年进入巡捕房。有资料表明，1911年经黄金荣介绍，29岁的程子卿进入法国巡捕房当了巡捕。尽管程子卿不懂法语，但为人机警，办事能力强，官运比黄金荣要好。

辛亥革命前后，黄金荣经人介绍与时居法租界的孙中山相识，并曾对孙中山的革命活动有所援助，程子卿也因此跟随黄金荣结识了孙中山。程子卿不仅负责保护孙中山的安全，而且他参加了国民党。程子卿背靠黄金荣，又是青帮中人，他“利用探长的身份，与居住在法租界内的国民党各派人物都有联系，更有杨虎、陈群，同为青帮人物，引为好友”。

薛畊莘回忆，与黄金荣关系密切的程子卿，也参与了四一二政变。事后经杨虎保举，国民政府颁发程子卿“青天白日三等”勋章。胡汉民、汪精卫各赠他亲书字轴一幅，程子卿把字轴挂在厢房会客室中，以为荣耀。20世纪20年代末，程子卿与杨景德女士结为连理。夫妇两人皈依天主教，育有两女一子。

在法租界，程子卿有时也为共产党、进步人士以及国民党左派做一些有益的工作。如他参与了宋庆龄领导的中国民权保障同盟的活动并予以保护；一些中共党员被捕，经宋庆龄等向他“疏通”而后获释；国民党特务曾在法租界绑架邓演达，被巡捕房破获后，程子卿曾请宋庆龄转告邓演达：“切戒一人随便外出，最好通知捕房派人保护，以防不测。”

程子卿曾表示，“我现在也是教徒，愿追随真理做人和做事”，他的这些行为引起了国民党内右翼分子的不满。1931年至1936年间，程子卿曾先后7次收到匿名警告信，最后两次还附有子弹。程子卿也曾在徐家汇路打浦桥附近遇刺，幸未受伤。

有一张照片证明，程子卿供职于法国领事警察局，即法租界巡捕房，警号为631号，等级为侦探督察长，编号为501号。发证时间为1943年。就在那一年，汪精卫伪国民政府“收回”了法租界。

法租界被“收回”后，8月6日程子卿担任了汪伪市政府的督察处处长。1944年4月2日起改为简任三等警监。 8月17日起，他派任伪上海市政府督察处第二督察区主任督察长。当年12月1日，又转第六督察区担任主任督察员，直到 1945年2月12日免职候用。抗战胜利后，据说程子卿在国民党淞沪警备司令部挂职，并没有什么职务和职责。

新中国成立后，程子卿留在了上海。因历史上的政治问题，程子卿受到了政府的审查，他便给中央领导写信请求宽恕并向宋庆龄求助。宋庆龄出面向有关部门作了说明，程子卿没有被捕。知情者薛畊莘指出："由于他对人民做过一些好事，解放后被审查时，幸蒙宋庆龄先生力保，在年老患病期间，才未予关押，也没有被怀疑是帝国主义买通的间谍。"

1961年9月27日，程子卿病逝于上海建国中路家中，终年79岁。

解放初期，人们并不知道程子卿就是闯入共产党成立会场的"不速之客"，否则也许会留下更多的一手资料。

至于有推测认为程子卿是为提醒共产党人出逃而有意闯入，并因此而挽救了共产党，此说至今还无更充分的证据。不过从客观效果上看，密探闯入行动的确帮助新生的中国共产党躲过一劫。

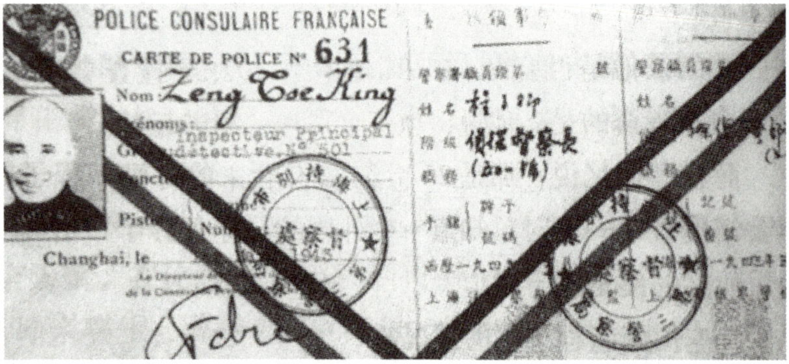

◎ 程子卿的工作证

青年团员王会悟，建议到嘉兴南湖去开会，得到一大代表们的一致赞成。邵力子回忆说，他也是提议人

然而，一大会议最后的议程还没有完成，这个会怎么开下去呢？

1921年7月30日晚上，上海望志路会场遭到破坏后，代表和会址均受到监视，会议已不能在上海继续进行。

为了确定新的开会地点，代表们进行了多次商量。当时考虑续会的地点，一是必须保证安全，不能到人生地不熟的地方去；二是交通要方便，从上海出发可以用一天时间来回。

由于上海党组织中浙江籍人士较多，而且大多在杭州生活过，所以首先就想到了熟悉的杭州。陈潭秋曾回忆说："在上海我们再没有适宜开会的地方，于是决定乘火车到杭州西湖继续开会"。但由于西湖游人太多，容易暴露，而且从上海到杭州也费时太多，建议未被采纳。

担任一大会议主席的张国焘，应该对到哪里去开完大会的事担有责任。他的回忆也就比较详细，他说："这个意外事件发生后，我们为了避开警探的视线，决定第二天停会，并通知各代表俟找到妥当开会地点后再行复会。我不便立即与仍在被监视中的李汉俊接触，乃于第二天清早到公共租界大东旅馆去看陈公博，问明他在李家所目击的情形，并

告诉他博文女校距李家很近，大概同在警探注意之中，须另觅开会地址。那时李达夫妇也来了，他是处理大会事务工作的负责人。他的太太王会吾（悟）是社会主义青年团团员，也帮着她的丈夫工作。我们大家便商讨开会地址问题。王会吾（悟）非常热心地表示：如果在上海一时找不着适当的地点，可以到她的家乡去。她家住在浙江嘉兴的南湖湖畔，从上海去只需一个多钟头的火车旅程。她并说明：南湖风景幽美，她可以立即去雇好一只大画艇，准备我们一面游湖一面开会，并由她布置大家寄宿的处所，即使在那里开几天会也是不成问题。我们对于她的提议极表赞成。认为这样是万无一失的。她即根据这个决定回去布置。我也通知各代表明早搭车前往。”（见《“一大”前后》（二），人民出版社1980年版。）

此外，参加中共一大的董必武、李达、陈潭秋、刘仁静、周佛海、陈公博等人在回忆中也都讲到了从上海转移到嘉兴南湖开会的情形。

董必武说：“第二天会议就改在嘉兴南湖继续开。是由李达的老婆王会悟（嘉兴人）租了两只船开的。会上谁发言，谁坐在哪里，我记不得了。‘一大’开会用的桌子上没有桌布。”（见《亲历者忆——建党风云》，中央文献出版社2001年版，第17页。）

包惠僧回忆说：“当夜我们到李达家里会谈（在老渔阳里2号，是陈独秀的住宅，李达也住在此处）。大家的意见，明天的会要改地方，即决定以游览的姿态到嘉兴南湖找一只大船，尽一日之辰来结束这个会。次日早车我们都到了嘉兴南湖，只有陈公博没有去。李达的爱人王会悟（非同志）是嘉兴南湖人。带她去当向导。此处风景甚好，游人并不多。我们雇了一只大船，并准备了酒菜，把船开到湖心，就开始开会。”（见《“一大”前后》（二），人民出版社1980年版，第306页。）

在提议到嘉兴南湖去开会的人中，邵力子回忆说，他也是提议人。他虽然是绍兴人，但他的母亲是盛泽人，他自己在盛泽教过书，所以他对嘉兴南湖非常熟悉。他回忆说：“中国共产党的第一次代表大会……中途转到嘉兴南湖开，当时也接受了我的建议。”

第四章

党的一大代表转移到南湖的经过

党的一大是几月几日在南湖一条船上开会的？请记住这个日子，因为它是党确切的诞生日，也是南湖红船启航的日子

代表们决定把会议转移到嘉兴后，王会悟就立即着手到嘉兴开会的一切准备工作。

王会悟于1959年3月31日在《“一大”在南湖开会的情况》一文中是这样描述的：

“‘一大’会议在上海开了两天，因为有情况被迫休会，两天以后才决定到嘉兴南湖船上去开。决定后，李达同志叫我当晚去上海北站了

◎ 1921年的嘉兴火车站

解嘉兴车的班次。第二天早上共[有]代表十余人分两批去嘉兴。到嘉兴时已八点多钟，先到城市张家弄鸳湖旅馆落脚，开了两个房间休息，洗脸吃早饭，叫旅馆账房给雇船。当时准备雇只大的，但他们[说]要雇大的需提前一天预订。现在大的已没有了，只有中号船了，便雇了一只中号船，船费四元五角，中午饭一桌酒菜三元，连小费共花八支洋，当时把钱付清，并对旅馆账房说，给留两个好的房间，如好玩我们晚上回来住宿。九点多钟离开旅馆去南湖。到南湖，部分代表如毛主席、董必武、何叔衡、陈潭秋等同志由我陪同先到烟雨楼玩了一回，也没有坐下吃茶，主要目的是为了观察下船停靠哪里比较合适。代表们到船上开会时已快十一点钟了，约开了一个钟头，即在船上吃午饭，酒菜是由船上备的。吃饭时在八仙桌上又放了一个圆的台面，十几个人吃饭也不拥挤，代表们吃饭时，我没有一道吃，当时也不想吃，我一个人坐在船头上。”

作为一个亲自操办整个一大会议的唯一的会务人员，关于会务方

◎ 嘉兴鸳湖旅社

面的回忆应该是最有权威的。代表们的行动路线、坐船吃饭等有关事项，在这里基本上都已经交代了。

但是，他们去嘉兴的时间到底是几月几日？

有关党史专家对南湖开会的日期有多种说法。他们根据参加一大的有关代表回忆和有关资料，有“7月31日”、“8月1日”、“8月2日”、“8月5日”等几种说法，都是一家之说，但由于当时没有确切的记录，还必须依靠确切的资料来考证。

在这方面，一大党史研究学者王相箴写的《中共一大闭幕日期考订》很有说服力。我们顺着他考订的思路，再顺一遍，就更清楚了。

我们先看王会悟上面回忆的那段话：“……被迫休会，两天后才决定到嘉兴南湖船上去开。决定后，李达同志叫我当晚去上海北站了解嘉兴车的班次。第二天早上共[有]代表十余人分两批去嘉兴。”

“两天后才决定到嘉兴南湖船上去开”，照她的说法，7月30日晚上出事，两天后是8月1日，这天决定到嘉兴南湖去开会。当晚她去北站了解嘉兴车的班次。第二天，那就是8月2日了。

那么，到南湖开会是不是8月2日呢？不能光听她一个人说。何况，她是1959年的回忆，离一大会议召开已经过去38年。有很多问题如果要确切结论，还是要依靠专家们来考证的。

笔者认为，要确切，就不能光凭人们的回忆，最关键的，要找到可以确信的原始资料记载。

陈公博写于1921年8月的《十日旅行中的春申浦》，原载《新青年》第九卷第三号，写于一大会议结束后的当月内，可以说是巡捕房事件发生后几天内写的。这应该可以作为当时的记录来看待，应该有很高的可信度。他明明白白地写道：出事那天晚上，“……一直等他（巡捕房的人）走了，然后我才和我的朋友告别。自此之后便有一两个人在我背后跟踪，我听闻人说每逢中国当时得势的大官僚，和失败而挟金多的大人物，一到上海，巡捕房都派人暗中保护，我既不是什么巨子，又不是什么要人，对于巡捕房这种优待，真是感激不遑，只有敬谨拜谢，于是我们翌日便乘车游杭，消度我们的后补蜜月了。”

这里明确告诉我们，陈公博是30日的翌日，即7月31日就去了杭州的。

再看他写道，去了杭州后，“一日游山，二日游水，三日返沪”，他是31日到达杭州，8月1日游山，8月2日游水，8月3日晚上回到上海了。这时，他被告知，南湖会议已经开过了。这也证明，南湖会议不可能是8月3日开的。

再看他另一篇文章里的详细描述：当晚回到大东旅馆，“睡至微明，忽然听见一声枪响，同时又听见一声惨叫，我从地板跳起来，打开房门一看，看见走廊寂寞得没有一个人，只是急雨打窗，狂风吹面，我想明明有枪响，有惨叫，那莫不是我变了福尔摩斯的案中人么？我唤起励庄，告诉他我所闻，但两人都猜不出什么事故，我反怀疑是一种梦境。还是睡罢，到了九时，有一个茶房跑进来，说你们隔壁房间有一个女子被人谋杀了……我和我的太太，趁着巡捕和侦探没有光临，遂离开旅馆。先在一家饭馆安顿了太太，我自己跑去找李鹤鸣告诉他昨夜的经过，并且我下午要到杭州。经过昨夜的变故，他们也打算停会，另易地方。会期不定，我更可以从容的游西湖，逛灵隐了。”（见《“一大”前后》(二),人民出版社1980年版,第425页。)

这里他描述的大东旅馆的凶杀案,有报刊明确的记载来印证。

1921年8月1日《申报》和《新闻报》的记载是明明白白的:凶杀案于31日清晨发生。这就更是证明了上海最后一次会议确实是7月30日,当晚陈公博回到大东旅馆,31日清晨发生凶杀。陈公博当天下午去了杭州。陈公博接着上面的文章继续写道:“初到的杭州,玩了两三天地方也游腻了。天热的杭州,等于一个大汽炉,蚊大如蝇,夜热逾昼,我们只好赋归了。归来上海之后,佛海来找我,才知道最后大会已经在嘉兴的南湖船上开过,会议算至结束。”

这里,又一次地证明了他们是8月3日晚上乘夜班快车回到了上海。而这时,南湖会议已经结束了。南湖会议确实只能在8月3日举行。

那么,8月1日有没有可能开会呢?我们还是用当年的报刊记录来印证。

查到1921年8月3日《申报》,地方通讯栏记载嘉兴消息《狂风中之损失》称:“本月一日午后五时许,忽阴云四布,狂风大作……南湖中之避暑游船,于风起时不及傍岸,被风吹覆者四五艘。一般游客因不谙水性,而溺毙者有三人。狂风有一小时始止,此次损失总额,约计当在十余万左右,亦巨灾也。”

这则消息则进一步排除了8月1日开南湖会议的可能性。因为如果这天开会而午后五时许狂风大作,船翻人死,代表们在回忆录中不可能无人提起。更何况为了代表们的安全,这天的会议肯定要中止,不可能说南湖会议“顺利进行”,“圆满结束”。

所以，去嘉兴只能在8月1日之后，8月4日之前，据当年的报刊记录来印证，白纸黑字，比过了几十年的回忆要可靠得多。

据考证，王会悟是提前一天去嘉兴为会议作准备的。而8月1日因台风王会悟没有到嘉兴南湖，她只能是8月2日到达嘉兴的可能，然后第二天即8月3日，全体代表到达嘉兴南湖，举行了这次大会的最后一次会议。（见《中共一大嘉兴南湖会议研究》中共党史出版社2018年版）

因此，代表们到嘉兴开会的日子应该是1921年8月3日这一天，是可靠的。

1921年8月3日，这是一个非常重要的日子，因为它是党诞生的日子，也是南湖红船诞生的日子。

◎ 南湖渡口

到南湖红船上开会的一大代表到底是几个人？哪几个人没有来参加

出席南湖会议的人员究竟是哪几位，也是必须要搞清楚的问题。

一大从上海转移到嘉兴南湖开会，考虑到共产国际代表马林和尼克尔斯基是外国人，一上火车很引人注目，为了安全起见，他们两人没有去南湖开会。所有参加一大的代表们，对这一点都没有疑问，这是可以明确的。

陈公博在上海会场出事后心有余悸，回到旅馆后半夜又发生凶杀案，第二天就带着新婚妻子去了杭州游玩，也没有去南湖开会。这是他自己的文章《十日旅行中的春申浦》所明确记载的。

上述3人没有出席一大南湖会议是肯定的，没有任何异议。

但李汉俊是否参加了南湖会议，众说不一。陈潭秋、刘仁静等人回忆，李汉俊没有出席南湖会议。

由于李汉俊作为上海会场的主人，正受到密探的严密监视，不去南湖参加会议似乎是说得通的。

但也有多人说到李汉俊也出席了会议的。如张国焘在《我的回忆》中说："代表中只有陈公博未来，他早一天坦率的向我和李达表示请假不出席，因为他太太对于在李家所发生的事尤有余悸。其他的代表却不将这件事放在心上，身当其冲的李汉俊也满不在乎，大家仍然兴高采烈地继续工作，并笑陈公博是个弱不禁风的花花公子。”

这里，明确地提到了李汉俊，而且张国焘对他“满不在乎”的样子都记得。

包惠僧也说“次日黎明我们都到了火车站，只有陈公博没有去。”（见《亲历者忆——建党风云》，中央文献出版社2001年版，第60页。）

这样看来，李汉俊应该确定为是参加南湖会议的。

◎ 南湖狮子汇渡口

何叔衡有否参加南湖会议，关键取决于他是否出席了上海会议。

最早提出何叔衡没有参加会议的是张国焘。他在《我的回忆》中说："在大会召开之前，几位主要代表还会商过代表的资格问题；结果认为何叔衡既不懂马克思主义，又无工作表现，不应出席大会，并推我将这一决定通知毛泽东。他旋即以湖南某项工作紧急为理由，请何叔衡先行返湘处理。因此，后来出席大会的代表只有12人。"

此外，董必武1929年写给何叔衡的信，就一大开会的时间、参加人员、会议内容及会议地点等作了介绍，从信的口气看，完全是向局外人通报情况，而不像是当事人之间核对细节。

这样，有的学者就依据上面两个原因，提出了何叔衡没有出席党的一大的看法。

但是，何叔衡为什么没有出席会议？张国焘所说的理由不能令人信服，当时根本没有代表资格审查制度，不可能出现这种事情。

至于董必武给何叔衡的信，我们看一下原文。

这封信是董必武在莫斯科学习时的1929年12月31日写的，应该说是比较早的记录。当年，董必武、何叔衡、张国焘三位一大代表聚集在莫斯科。张国焘与董必武是列宁学院的英文班同学，何叔衡则在莫斯科中山大学学习。期间，何叔衡两次听了张国焘关于建党初期情况的报告，他便给董必武写了一封信。1929年12月31日，董必武在复信中写道：

“……不过关于第一次中共代表大会，我已经记不甚清，只尽可能的写出来，供你们参考。

“1. 大会在1921年7月(？)在上海开会。

“2. 参加会的有北京代表(张国焘、刘仁静[后成为反对派])，上海代表(李汉俊、李达[二李早经开除出党]，广州代表(陈公博[早经开除]、包惠僧(1927脱党)，湖南代表(何叔衡、毛泽东)……”

这里，董必武明确写明了何叔衡是一大代表。有人说，既然他是代表，为什么还要向他详细介绍一大情况？笔者认为，这里可能是何叔衡因为听了张国焘的报告后，觉得要澄清一些问题，或者要董必武写一篇回忆材料用于别的地方。何叔衡向董必武要文章时，还提出了一个“五日之期”的要求，如果他自己要了解情况，没有必要规定五天内寄到。而有可能的是某刊物五天内要截稿，可能是五天内开会讨论时要用，也可能是其他同志要了解情况，所以董必武说是“供你们参考”这样的话，不是何叔衡一个人自己要看。不然，也用不着这样催他。

毛泽东在《毛泽东自述》中很明确地说：“在上海这次具有历史意义的会议(党的第一次全国代表大会)上，除了我以外，只有一个湖南人，其他出席会议的有张国焘、包惠僧和周佛海等。我们总共是12个人。”这里，毛泽东明确了除了自己，还有一个湖南的代表，那应该就是何叔衡。

何况王会悟在回忆中明确指出何叔衡出席了在南湖召开会议，而且说“部分代表如毛主席、董必武、何叔衡、陈潭秋等同志由我陪同先到烟雨楼玩了一回”。

周佛海于1942年1月写的文章《扶桑笈影溯当年》中，有明确记载：“广东代表是公博，北京是张国焘、刘仁静，长沙是毛泽东和一位姓何的老先生……”

刘仁静在回忆一大开会时发言的情况时，对何叔衡有明确的印象：“在发言比较少的人中，王尽美、邓恩铭是两个年轻的中学生，是抱着虚心学习态度参加会议的。毛泽东、何叔衡、董必武则年龄稍大，是脚踏实地的活动家。”

包惠僧更是直接反驳了张国焘的说法。他说：“张国焘的回忆录说，何叔衡不是‘一大’代表，这是乱扯。‘一大’没有代表资格审查的程序，会议并没有设立代表资格审查委员会，所以也没有什么合格不合格的问题。我可以肯定，何叔衡是参加‘一大’的。记得开会时，何叔衡与毛主席坐在一起，在我的对面。”（见《“一大”前后》(二)，人民出版社1980年版，第374页。）

就连张国焘自己，也对何叔衡有深刻印象，而且还有声有色、有形象地描写：“湖南代表是毛泽东与何叔衡。何叔衡是一位读线装书的年长朋友，常常张开大嘴，说话表情都很吃力，对马克思主义懂得最少，但显出一股诚实和热情的劲儿。”（见《亲历者忆——建党风云》，中央文献出版社2001年版，第103页。）

综上所述，何叔衡是一大代表是没有疑问的，但是否出席了南湖会议，鉴于有关可靠史料的缺乏，可以继续存疑，加以进一步考证。

这样考证结果，明确到嘉兴南湖开会的应该是：毛泽东、董必武、陈潭秋、李达、包惠僧、王尽美、邓恩铭、刘仁静、周佛海、张国焘，共10人。（何叔衡待进一步考证）

王会悟把代表们带到南湖，而帮她租船的人是嘉兴的一个中学生孔另境

除了王会悟，还有没有其他人也为一大代表在南湖开会出过力呢？王会悟在嘉兴读过书，她自己也说在嘉兴有一批同学，到时可以帮忙的。

广东政协主管、广东人民出版社出版的《同舟共进》杂志（国内统一刊号：CN44—1036/D）2011年第7期刊登的《中共一大“奇女子”王会悟》对此有一段详细的描写：

“7月31日早上7点35分，代表们跟着王会悟登车南下。从旅途安全考虑，她将董必武、何叔衡两位年纪较大的代表安排在头等车厢，其余代表则分散在几节车厢里，叮嘱他们不要往来串联，少与别的乘客闲话，以免招来意想不到的麻烦。

“到嘉兴后，趁着大家吃饭休息的当儿，王会悟找到就读于嘉兴中学的亲戚孔另境，请其帮忙租条游船。孔另境领着王会悟租了一条画舫。”

这里，不光肯定了何叔衡也出席了南湖会议，还出现了另一个为南湖会议出力的人——孔另境。

关于孔另境是否是帮助王会悟联系租船的人，我们从韦韬、陈小曼

著《我的父亲茅盾》(辽宁人民出版社2004年2月版)第一章第二节《中国共产党最早的党员之一》中，看到有这样的记述："……由于经常为《共产党》写稿，父亲(指茅盾——笔者注)与李达的交往也日趋密切。那时父亲的一个远房姑母王会悟(她比父亲还小两岁)从乌镇来到上海，父亲把他介绍给了李达，不久他们就结婚了。党的一大召开时,临时把会址转移到嘉兴南湖,就是王会悟出的主意；而在嘉兴租借南湖的游船,则是父亲(茅盾)的内弟孔另境(当时他正在嘉兴中学念书)出力联系的。"

◎ 茅盾

这段出于茅盾儿子韦韬的传记《我的父亲茅盾》的记载，应该是有依据的。茅盾作为上海党的发起组成员，在上海开会期间与李达、王会悟的信息沟通是非常方便的，他对一大会议上发生的重要突发情况，是有可能及时了解到的。而且茅盾处事严谨，不会随随便便地提起另一个帮助安排租船的人。

◎ 孔另境和女儿孔海珠

另外我们又可以从孔另境的女儿孔海珠写的传记《霜重色愈浓·孔另境》一书中，

看到有关的旁证。文中记述，1964年4月，孔海珠与父亲孔另境来到南湖边，孔另境回忆当年的情况时说：“那时，我在嘉兴二中读书，课余经常与同学来南湖游玩。帮助王会悟租船，由我出面去办很方便。”

孔海珠是中国茅盾研究会常务理事、上海社科院文学研究所研究员。她是茅盾的内侄女，王会悟是她的远房姑祖母，从20世纪60年代起，她就关注、追踪、记录此事。她在连续为此事采访时任茅盾资料编辑小组成员徐恭时之后，于1979年7月29日在日记里，把了解的情况作了记录：

“情况大致是一大会议在兴业路开了几天，以后需要转移，想去杭州，但考虑太闹。此时李达是代表，他夫人王会悟是乌镇人，与姑妈孔德沚（茅盾夫人）很熟，他们商量去南湖比较好。具体借船人是父亲，这时他在嘉兴读书。茅盾也是有关人员。恢复这艘船的时候，父亲和茅盾都去看过这船，对这船的格局提出意见。”

◎ 李达与王会悟的儿子李心天

孔海珠还于2008年3月29日专门打电话到北京韦韬家里，向韦韬核实孔另境帮助租船的情况。“如今已84岁高龄的他，再次肯定他在书中的记述是准确的，是其父母亲在世时讲述的史实，他耳熟能详并记忆犹新。”

前面韦韬的描述还得到了李达与王会悟的儿子李心天的认可，李心天在接受记者采访时说：“最近作家文摘登了一篇文章，茅盾之子韦韬在《我的父亲茅盾》一书中回忆，党的一大召开时，临时把会址转移到嘉兴南湖，是我母亲王会悟出的主意；而在嘉兴租借南湖的游船，则是茅盾的内弟孔另境（当时他正在嘉兴中学念书）出力联系的。孔另境的后人孔海珠撰文探究，我的母亲王会悟与茅盾的夫人孔德沚很熟，她们商量可以转移到南湖。具体借船人是孔德沚的弟弟孔另境，茅盾对这事也是知情的。我认为这段描述，是更接近史实的，借船当然不是母亲一人的主意。不讲，是不想连累别人。”（转录自人民网中国共产党新闻党史频道。来源：2011年5月25日《长江日报》记者李佳《中共一大会址转移到嘉兴南湖是谁的主意》。）

从上面所有的材料看来，笔者认为，此事应该是事出有因的。从茅盾先生的为人来说，他一生处事谨慎，他说有孔另境在给王会悟联系租船，应该是不会没有根据地乱说。同时，王会悟自己说没有提前来嘉兴，而是跟代表们同一天早上一起出发的。如果她事先没有与嘉兴的朋友联系有关事项，而是匆匆忙忙地带着一大帮人到嘉兴再临时办理一切事情，这对于她负责一个大会的会务工作来说，也有点不合情理。在嘉兴有帮助王会悟租船的人，这也是王会悟敢于建议到南湖开会的一个重要依据。因为，王会悟在嘉兴有几个能帮忙的人，这是她建议到南湖开会安全性的重要保障。

王会悟在另一次回忆自己关于去南湖开会的建议时，她说事先就有这样的构想："租借游船装作游湖的，就在船上开会，神不知鬼不觉。万一发生意外，还可分散到我同学家里。"（见《中共一大"奇女子"王会悟》，《同舟共进》2011年第7期。）她这里所说的"同学"中，会不会就有孔另境在内呢？

◎ 南湖的早晨

代表们选择了嘉兴南湖，感到确实是选了个好地方，他们对南湖印象深刻，还吃到了嘉兴粽子，品尝了南湖的烧鱼

代表们对嘉兴南湖的美景是记忆犹新的。

包惠僧说："大约9时左右，我们都到了南湖，此处风景甚好，游人不多。南湖中心有一个小岛，岛上庙宇巍峨，佛堂清静，和上海比较，感到别有天地。我们雇了一只相当大的画舫，买了酒菜，把船开到湖心，就宣布开会。"（见《中共一大南湖会议》，浙江大学出版社1989年版，第85页。）

张国焘在《我的回忆》中描写道："我们登上了大画艇，四顾南湖景物，只见万顷碧波，湖畔一片芦苇中掩映着楼台亭阁，使我们这些初来的观光者觉得较之西湖的景色别有风味。我们的大画艇在湖中环游了一遍之后，便或行或止地任由它在幽静的湖上荡漾。我们继续在上海未完成的会议……"

陈公博于1924年在美国哥伦比亚大学所写的硕士论文《中国的共产主义运动》第3章中，对南湖作了诗意的描写："……为防止再出现这种中断，大会在警察管辖范围之外的一个著名的湖中央的船上举行，在这条被宁静动人的景色所环绕的优美的船上，作出了许多激愤

和激进的决议，欢快恬静的湖水和美丽的月色都没有缓和代表们激烈的感情。”

代表们对嘉兴南湖的好感是显而易见的。

他们到南湖时正是盛夏八月之初。登烟雨楼望南湖景色，别有情趣。倚栏远眺，湖中接天莲叶无穷碧；春天细雨霏霏，湖面上下烟雨朦胧，景色全在烟雾之中。

这时也正是南湖菱成熟的季节。他们有没有吃到南湖菱，我们不得而知。南湖菱是菱中之珍奇，为秋季应时佳果。在5000年前就已经在嘉兴繁育了。据文物考古部门发掘资料，嘉兴市马家浜新石器时代遗址中出土的一只炭化圆角菱，与现在嘉兴南湖菱相仿。公元1133年宋代范成大《吴郡志》载："近世又有馄饨菱者最甘香，在腰菱之上"。南湖菱最大特点就是像馄饨一样，"行圆无角，扁似馄饨"，鲜果皮色清翠，背白肚角圆无刺，绿皮白肉，壳薄肉脆，其味鲜甜嫩洁，风味独特。而且只有嘉兴

◎ 南湖圆角菱

南湖一带才能繁育出产。清朝时曾被列为贡品。相传乾隆皇帝南巡江南，曾三次驻在南湖烟雨楼，在楼前荷花池摘食南湖菱后赞不绝口，写下了“夏中让彼泛锦芰”（芰为菱之称）的诗句。

代表们都讲到了在船上吃了中饭。除了上面包惠僧讲到“买了酒菜”外，陈潭秋在1936年的回忆中也讲到“雇了一只大船，并预备了酒食，在船上开会”。（见《亲历者忆——建党风云》，中央文献出版社2001年版，第24页。）

看来，代表们在船上是吃了酒菜的。吃了什么酒菜？可惜没有记载。但有一样是有记载的，那就是嘉兴粽子。

在叶永烈写的《上海滩秘闻》一书中，他记录了三次采访王会悟的情形。他写道：“笔者三度访问王会悟，据她回忆，到达嘉兴后，她为代表们在鸳湖旅馆内开了房间，让代表们洗洗脸，吃个粽子，暂且歇息，然后便请鸳湖旅馆账房先生代订画舫。”

◎ 嘉兴五芳斋粽子

这是王会悟的记忆，代表们确实是吃了嘉兴的粽子的。据百度百科记载：1921年在嘉兴张家弄6号开了首家粽子店。这家店就是后来名扬四海的“五芳斋”粽子的前身。1921年又正好是一大代表住在张家弄鸳湖旅庄，代表们吃到的应该就是“五芳斋”粽子了。

另外，据说代表们还品尝了南湖的烧鱼。这是美国人罗斯·特里尔的《毛泽东传》（人民大学出版社2010年版）中记载的。他在书中写道：“代表们坐在色彩艳丽的16米长游船上，一面任其游荡，一面继续开会。他们通过了若干决议：正式建立中国共产党，参加共产国际并向其设在莫斯科的总部按月汇报工作。在最后决议之前的休息时间，他们还品尝了南湖的烧鱼。”罗斯·特里尔的这本《毛泽东传》在全世界发行了1800万册，我们不知道他是怎么采访到中共一大南湖会议的这些细节的，但想必他有所根据吧？

一条游船，在南湖中游荡，一个共产主义的“幽灵”在中国上空游荡

当天，阴有小雨，湖面上游船不多，王会悟叫船主把船撑到离烟雨楼约200米远的东南角比较偏僻的水域。她身穿白夏布斜襟短衫、黑丝绸裙子，坐在船头望风。南湖会议就这样在船舱里开始了。开会时，王会悟还特意把带来的麻将牌倒在桌上，如觉得有不安全的情况出现，她便向船舱内提示，让代表们打麻将，以掩人耳目。

开会那天，湖面上的情况，据王会悟在《“一大”在南湖开会的情况》一文中回忆：“开会那天游客并不多，据记忆开会时，停放湖中的船连我们的一条一共五条船。内中一只据船大娘说是城内某商户为儿子办满月酒雇的，另一只是乡下土财携眷进城游玩的。到下午3点钟以后，小游艇逐渐增多，有些小游艇油漆得很漂亮，据说是城内士绅自备的。约五点钟左右，湖中游船已有五只了……”

穿戴时髦以资掩护的王会悟，坐在船头凉棚下，悠然嗑着酱油瓜子，还哼起了家乡小调，不动声色地望着前后左右。外人只当她是游客雇请的歌女，或是大户人家千金小姐，正在饱览“轻烟拂渚”的迷人景色呢。

据王会悟回忆，是日天气阴沉，不大有太阳，好像要下阵雨，游客

较平日里少了许多。下午3点以后，天气由阴转晴，湖上的画舫多了起来，还有留声机里放京戏的。王会悟加倍警惕，眼观六路，耳听八方。

“嘟”汽笛声传来，王会悟循声望去，是一只汽艇，不禁担心起来。在她的概念里，快速灵活的汽艇属军警专用，于是敲响了船舱壁板。代表们故伎重演，立即摆起了四方城，“白板”、“八筒”、“六万”一声接一声。

汽船正向画舫开来，“突突突”的马达声也传进了舱里，代表们也有些紧张了。他们也都晓得，备有这种新式船只的不是平民百姓。

王会悟瞟着汽艇的动向，依然若无其事地嗑着瓜子，心里盘算着汽艇上的人若来盘问该如何应对。腹案在脑中形成，她随即探身舱口小声叮嘱两句：“就说玩了西湖来玩南湖，千万不要说从上海来的。”

临时休会后，结果是虚惊一场，汽艇在画舫不远处穿过。听船娘说，这是城里一个葛姓豪绅的私人游艇，为炫耀其身份，常来湖里转

◎ 南湖荷花

悠，汽笛拉得又响又长。

“到这时候，到处留声机唱京戏，湖中已热闹非常，到六点多钟，我们就离开南湖准备回上海了。”（见王会悟：《“一大”在南湖开会的情况》。）

王会悟以其智慧和勇气，确保了一大的顺利召开和圆满结束，为中国共产党的诞生作出了特殊贡献，赢得了专家学者对她的高度评价：“党的第一位会务工作者和后勤工作者”、“一大幕后功臣”、“中共第一任保卫部长”、“组织了一大南湖会议的有功之臣”、“一大卫士”……

被党史部门确认的最可靠的历史资料。它是这样记录了南湖会议的：

“代表大会的第六次会议是深夜里在一个同志家召开的。会议刚开始，就有一个侦探闯进屋里，他道歉说走错了，可是终究使我们不能再继续开会。这个侦探的到来，没有使党受到损失，尽管在他来过之后，很快警察就突然前来进行了搜查。在这以后，我们提高了警惕，为了继续开会，只好到附近一个小城市去。我们在那里研究了委员会起草的实际工作计划。在我们对其他党派的态度问题上，产生了短时间的争论。有些人坚决主张，我们应坚持这种意见：无产阶级不论在理论上和实践上都应该始终与其他党派进行斗争。同其他党派联合行动，并不违背我们党的原则，我们应当竭尽全力与一切人士合作以反对共同的敌人，因为我国的军阀是社会上一切其他阶级的敌人。另一些人主张，在行动上与其他党派合作反对共同的敌人，同时又在我们的报纸上批评他们，这并不违背我们的原则。我们自己即使不能立即夺得政权，至少可以加强自己，以利于今后的行动，因为我们的力量会因这个进展而强大起来，而代替当前统治者的那个统治阶级或许不会像封建老爷那样进行压迫。这样，我们就可以集中自己的革命力量，扩大自己的革命活动。这样，即使无产阶级现在不能取得政权，我们也应该联合其他阶级打倒共同的敌人，加强自己，使我们能够领导以后的斗争，推翻那个将要夺得政权的阶级。这样，我们联合其他阶级，仅仅是为了进行破坏性的斗争。但是，会议接受了第一种意见，即实际工作计划起草委员会的提案。”

感谢当年写下这篇报告的作者，它珍贵地记录了这次在“一个小城市”的南湖游船上开会的具体内容。这个文件是1957年苏共中央移交的中国共产党驻共产国际代表团的档案中的一个。1958年中央档案馆把它翻译后交给董必武审定，董老说：“在未发现中文文字记载以前，我认为是比较可靠的材料。”（见《党的文献》2004第2期。）

在开会讨论时，发生争论，这一方面说明了开会的民主性，有不同意见可以争论，这才有开会的意义。同时，也说明了开会时代表们的认真。如果不认真，马马虎虎就过去了，会议也就达不到集思广益、交流思想、统一认识的作用。

那么，我们进一步来看看，他们在这条小小的船上，具体争论了一些什么？

有比较详细而可靠记载南湖会议的是一大代表陈潭秋1936年的

◎ 红船内一大会场全景

《第一次代表大会的回忆》。说它可靠，一是陈潭秋写于1936年，当时我们党刚刚长征结束到了延安，他不会因为其他的因素而影响他写作时的客观性；二是他正留在共产国际工作，也比较能静下心来回忆。他这样写道："这一天早晨天色阴暗，但到了八时以后，即有不少游船往来湖上……我们很放心地进行了一天的讨论，直到夜晚十一时闭会。这一天的会议，除通过党章外，并讨论了对孙中山的态度与关系问题，最后讨论成立临时中央局与选举中央局委员会。在讨论对孙中山态度与关系问题时，曾发生过小小的争论，包惠僧认为我们与孙中山是代表两个敌对的阶级，没有妥协的可能，他说我们对孙中山，应当与对北洋军阀一样，甚至还要严厉些，因为他在群众中有欺骗作用。他的意见，被大会打击以后，当时通过下面原则：对孙中山主义，采取批评态度，而对于某些进步的运动，则采取党外合作的形式来援助他。这一原则的确定，可以说对于以后国共两党的合作，发展广大的反帝反北洋军阀的运动，种下了一种根基。"（见《亲历者忆——建党风云》，中央文献出版社2001年版，第24页。）

李达作为一大的代表和大会的筹备者，对整个大会的情况可以说了解比较全面。他于1955年8月2日作的回忆文章，对南湖会议有着更为详细的记录："为了开会的安全起见，我们在嘉兴布置了一个会场，这会场是在南湖中游湖的大画舫上……讨论的议题主要是党章和工作方向。在党的组织方面分中央与地方，中央设书记、宣传主任与组织主任，地方组织也分这三部分。宣传方面仍旧以《新青年》为公开宣传刊物，以《共产党月刊》为秘密宣传刊物。组织方面重在工运，以上海、武汉和京汉、陇海两铁路为中心。其次讨论发展党员的办法，并决定各地都成立社会主义青年团，从团员中提拔进步分子入党。其次讨论对于资产阶级议会的态度，有人主张应该利用这样的议会，宣传党的政见，有人反对这样的议会，以免陷于改良主义的偏向，当时因为这样的问题还没有到列入日程的时机，对此未作决定。接着大会讨论《中国共产党第一次代表大会的宣言》草案……宣言草稿中也分析了当时南北政府的本质，主张北洋封建政府必须打倒，但对于孙中山的国民政府也表示不满。因此有人说‘南北政府都是一丘之貉’，但多数意见则认为孙中山的政府比较北洋政府是进步的，因而把宣言中的语句修正通过了……”（见《亲历者忆——建党风云》，中央文献出版社2001年版，第34页。）

看来，包惠僧的意见，是受到了与会代表的反对和批评的。我们再看看包惠僧自己的说法吧。

包惠僧自己回忆道：“在南湖最后一天的会议上，我们认为孙中山也是军阀。当时董必武发了好几次言，认为孙中山与军阀不同，孙中山不是军阀。董必武对孙中山有深厚的感情，这样就为国共合作安下一个伏笔。”（见《亲历者忆——建党风云》，中央文献出版社2001年版，第67页。）

包惠僧所说的“我们”，现在看来，其实是只有他一个人持这种极端的意见。他后来在另一篇回忆陈潭秋的文章里，又说道：“在嘉兴南湖船上讨论第一次代表会议的宣言时，他（指陈潭秋）主张对北洋政府与孙中山所领导的南方政府分别对待。有人问他：‘孙中山不也是资产阶级的一个集团吗？’他说，半封建、半殖民地的中国，革命不可能是一步登天的，恐怕是要经过一些曲折的道路。我们一面要坚定阶级立场与资产阶级斗争到底，另一面对反动统治阶级的人和事也要分一个青红皂白，分别对待。这样，我们的党才能得人心，才能站在正义的方面，才能扩大我们的政治影响，争取革命的多数。”（见《亲历者忆——建党风云》，中央文献出版社2014年版，第70页。）

从上面的争论中，我们一方面可以看到建党初期，我们的个别的早期党员对马列主义的理论确实了解不多，对中国的实际情况研究很少，更缺少政治经验。但另一方面，也可以看到董必武、陈潭秋这些一大代表对孙中山领导的国民革命的正确认识，这为今后的国共合作打下了思想基础。

在投票选举时发生了小插曲，刘仁静投了反对自己的人一票

在南湖会议上另一个小插曲是在选举中发生的。会议是采用无记名投票方式的。投票前，代表们经过多次协商，选举哪几个人，大家基本上已经有了相对一致的想法。所以，投票的结果，每张选票基本上也相同，票数集中在陈独秀、张国焘、李达三人。但是在唱票计票时，董必武发现有一张票选了李汉俊。董必武就问："这是谁写的？"刘仁静说："是我写的。"代表们也没有再说什么。

刘仁静回忆道："后来回到北京，我又见到李汉俊，他对我的那一票表示感谢。我又见到蔡和森，他说：你这一票是有历史意义的一票，因为只有你选举了李汉俊。"（见1979年5月7日《访问刘亦宇谈话记录》）

为什么蔡和森那么看重刘仁静这一票呢？为什么他认为选举了李汉俊就有"历史意义"呢？查一下一大会议上刘仁静与李汉俊两人的发言就可以看出，他们两个人在关于制定党的纲领、性质、任务等方面，意见是非常对立的。

关于李汉俊与刘仁静两种截然相反的观点的争论，在一大代表的许多回忆录中均有记载。我们来看看一大代表陈潭秋的说法。1936年，中

国共产党已经正式成立15年了。作为参加中共一大的代表之一，陈潭秋在枪林弹雨中九死一生。“慨当以慷，忧思难忘。”回首革命岁月，客居异国他乡、在苏联共产国际工作的陈潭秋心生无限感慨，于是提笔写下了这篇《中共第一次大会的回忆》，为中国共产党第一次全国代表大会留下了一份弥足珍贵的历史文献，也为中国共产党成立15周年献上了一份礼物，可谓是第一篇纪念中共诞辰的纪念文章。他在这篇文章中写道：

“……在讨论这些问题时，发生了有力的争论，部分的对党的基本任务和组织原则问题。一方面以李汉俊为首表示公开的‘马克思主义者’，认为无产阶级尚很幼稚，不了解马克思主义的思想，需要长期的宣传教育工作。在这一基础上，李汉俊认为无需建立真正无产阶级政党，反对专政，拥护资产阶级民主。他指出就是在资产阶级民主范围内，亦可以公开的组织和教育无产阶级的，用不着组织职工会，最好还是用一切力量去发展学生运动和文化教育工作。李汉俊申明首先应真正的组织知识分子，用马克思理论给他们武装起来，然后，当知识分子已掌握了马克思主义时，才能有力组织和教育工人。因此他认为无产阶级的党，用不到有纪律的战斗的党，把联合知识分子、使党成为公开的组织和和平的政党，研究马克思主义的组织来与他对立。由此他得出结论：凡承认和宣传马克思原则的都可为党员。参加党某一组织和在里面进行实际工作，他认为是不必要的。李汉俊的观点拥护者中还有李达和陈公博。

“另外是一种极左的观点。以刘仁静为代表，认为无产阶级的专政是斗争的直接目标，反对任何用公开的形式的工作，一切知识分子都为资产阶级思想的代表者，他认为照例应拒绝知识分子入党。同情他的观点的有鲍怀深（包惠僧）。

“大会大部分的代表都反对了这两个不正确的观点。终于通过了一个共同方针，即党的基本任务为争取无产阶级专政而斗争。在规定目前时期斗争的策略时，指出党不仅不拒绝，而相反必须积极号召无产阶级参加和领导资产阶级民主运动。通过了方针，要求党成为有战斗能力及有纪律性的无产阶级政党。发展职工运动为共党工作的中心任务。关于工作公开形式的问题，则指出，如有利于无产阶级的则党应当利用他。至于党的组织原则和接收入党的条件，则采取俄国布尔什维克的经验。”（转录自：人民网·中国共产党新闻·党史频道）

在建立一个什么样的政党的原则问题上，这种讨论和争论是非常必要的。正是通过了这样的热烈的争论，代表们统一了思想，使党在成立之初，就使党沿着马列主义的正确方向前进。

会上还有一次更激烈的争论，是共产党员是否能在资产阶级议会中当议员和到现政府中做官的问题。

李汉俊和陈公博认为可以当议员，可以做官。他们认为，既然无产阶级不可能短时间内获得政权，公开的政治活动就是必要的。要开展宣传，包括到资产阶级议会中去宣传共产主义者的主张，改善工人的生活状况，参加争取自由权利的斗争，为将来无产阶级革命做准备。因此，必须把秘密工作和公开工作结合起来，党应该挑选合适的党员，参加议会或到政府去做官。

刘仁静和张国焘表示反对他们的观点。认为共产党参加议会，会使工人阶级对资产阶级议会产生幻想，结果会影响共产党的阶级性和纯洁性，涣散无产阶级的斗争意志。应该抛弃这种和平的方式，集中党的精力，领导无产阶级向资产阶级作坚决的斗争。议会斗争有使共产党变成黄色党的危险。

包惠僧这样回忆道："因为陈公博在北大毕业，凭借陈独秀的政治关系，镶上了国民党的边，当上了广东法专的教授，宣传员养成所的所长，《群报》的总编辑，大有脱颖而出之势。李汉俊刚从日本帝大毕业回国，在上海《星期评论》及《新青年》中也露了点头角，加以有李书城的政治关系，也正在准备袍笏登场中。他们当共产党是个思想的发展，是个远景，做官是摆在面前的现实问题，这就是'存在决定意识'，他两人很激动地先后发言反对这个规定。在当时的情况，这种反对意见，也不是没有道理的，如果是出于他人之口，这个意见也还是可以加以讨论的，因为是出于他两人之口，又加以他们态度过于紧张，所以激起了一些代表对他两人的意见的反对意见，首先由张国焘、刘仁静搬出阶级的仇恨，阶级斗争的大原则，多数代表同意这个意见，一场舌战，颇为激烈。"（见《"一大"前后》（二），人民出版社1980年版，第317—318页。）

前一个争论，即在党的组织原则和党在现阶段斗争目标及策略问题上，多数代表不同意李汉俊的观点。后一个争论，在共产党员能否当议员做官的问题上，会议未能完全统一。但经过修改的纲领条文双方也作了一些让步。即：共产党员不应该当议员，不能担任部长、省长之类的重要政治职务，而可以担任校长、科员等文职雇员，以及警察、士兵之类的职务。

但这种争论，他们并不计较个人的意气。据当时有关代表的回忆，在批评时虽然很严峻，但都非常重视彼此的友谊，没有给不同意见者扣上什么“帽子”。李汉俊虽然在发言中也坚持他自己的意见，但从不与人争吵，当他的主张被否决时，总是坦率地表示服从多数的决定。

正是有这样一种认真的、民主的气氛，刘仁静“意外地”投了李汉俊一票，给大家留下了深刻的印象。刘仁静说：“我在投票时曾选过李汉俊。我并不赞成李的和平改良观点，但认为他有为党工作的能力，这说明我当时投票不考虑倾向。”（见《亲历者忆——建党风云》，中央文献出版社2001年版，第79页。）

一大南湖会议，就在这样严肃认真、畅所欲言、和谐民主的气氛下完成了各项预定的议程。

南湖会议是一大会议的高潮，通过了党的《纲领》和《决议》，选举了中央局，中国共产党在红船上宣告诞生

在南湖的游船上，会议首先讨论通过了党的《纲领》和工作任务的《决议》。

会议通过的《纲领》明确宣布“我党定名为‘中国共产党’”，规定中国共产党的奋斗目标是：以无产阶级革命军队推翻资产阶级，由劳动阶级重建国家，直至消灭阶级差别；采取无产阶级专政，以达到阶级斗争的目的——消灭阶级；废除资本私有制，没收一切生产资料归社会所有。《纲领》的组织部分规定党的组织要采取“苏维埃形式”，也就是民主集中制的形式。在对待资产阶级议会的态度问题上，纲领草案中原有一条：共产党人不得担任资产阶级议会或政府的议员或官员。

会议通过的《决议》，确定党成立后的中心任务是组织工人阶级，领导工人运动，强调以产业工会为组织工会的主要形式。因为党员少，组织农民和军队的问题成了悬案，决定集中我们的全部精力组织工厂工人。为了把好的可靠的同志吸收进来，决定接受党员要特别谨慎，严格审查。鉴于我们的党至今几乎完全由知识分子组成，所以代表大会决定要特别注意组织工人，以共产主义精神教育他们。

会议决定，委托党中央局起草党章。

最后，会议选举了中央领导机构，选举陈独秀、张国焘、李达组成中央局，陈独秀任中央局书记，张国焘任组织主任，李达任宣传主任。陈独秀未出席会议而被选为总书记，一是因为陈独秀是五四运动和新文化运动的领袖，并在宣传科学社会主义，筹建中国共产党的活动中，起了主导作用，享有很高的声望；二是列宁要马林向中国共产党传达他的意见：中国无产阶级还没有走上政治舞台，党的总书记一职，要找一个有名望的人，号召力要大点。

这时的南湖，正是晚霞满天，渔火点点，暮霭沉沉。画舫中的代表们，经过一天紧张的会议，终于到了宣告闭幕的时分。

王会悟在船头上，分明听到了里面在轻轻传来口号声：

“共产党万岁！”

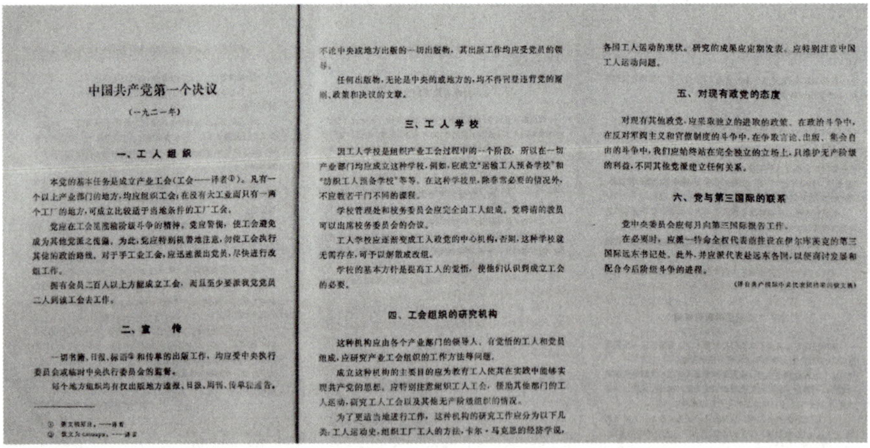

中国共产党第一个决议

（一九二一年）

一、工人组织

本党的基本任务是成立产业工会（工会——译者①）。凡有一个以上产业部门的地方，均应组织工会；在没有大工业而只有一两个工厂的地方，可成立比较适于当地条件的工厂工会。

党应在工会里灌输阶级斗争的精神。党应警惕，使工会避免成为其他党派之傀儡。为此，党应特别机警地注意，勿使工会执行其他的政治路线。对于手工业工会，应迅速派出党员，尽快进行改组工作。

拥有会员二百人以上方能成立工会，而且至少要派我党党员二人到该工会去工作。

二、宣传

一切书籍、日报、标语②和传单的出版工作，均应受中央执行委员会或临时中央执行委员会的监督。

每个地方组织均有权出版地方通报、日报、周刊、传单和通告。不论中央或地方出版的一切出版物，其出版工作均应受党员的领导。

任何出版物，无论是中央的或地方的，均不得刊登违背党的原则、政策和决议的文章。

三、工人学校

因工人学校是组织产业工会过程中的一个阶段，所以在一切产业部门均应成立这种学校，例如，应成立“运输工人预备学校”和“纺织工人预备学校”等等。在这种学校里，除非常必要的情况外，不应教若干门不同的课程。

学校管理处和校务委员会应完全由工人组成。受聘请的教员可以出席校务委员会的会议。

工人学校应逐渐变成工人政党的中心机构，否则，这种学校就无需存在，可予以解散或改组。

学校的基本方针是提高工人的觉悟，使他们认识到成立工会的必要。

四、工会组织的研究机构

这种机构应由各个产业部门的领导人、有觉悟的工人和党员组成，应研究产业工会组织的工作方法等问题。

成立这种机构的主要目的应为教育工人使其在实践中能够实现共产党的思想。应特别注意组织工人工会，援助其他部门的工人运动，研究工人工会以及其他无产阶级组织的情况。

为了更适当地进行工作，这种机构的研究工作应分为以下几类：工人运动史，组织工厂工人的方法，卡尔·马克思的经济学说，各国工人运动的现状。研究的成果应定期发表。应特别注意中国工人运动问题。

五、对现有政党的态度

对现有其他政党，应采取独立的进攻的政策。在政治斗争中，在反对军阀主义和官僚制度的斗争中，在争取言论、出版、集会自由的斗争中，我们应始终站在完全独立的立场上，只维护无产阶级的利益，不同其他党派建立任何关系。

六、党与第三国际的联系

党中央委员会应每月向第三国际报告工作。

在必要时，应派一特命全权代表前往设在伊尔库茨克的第三国际远东书记处。此外，并应派代表赴远东各国，以便商讨发展和配合今后阶级斗争的进程。

（译自共产国际中共代表团档案的俄文稿）

① 俄文版原注。——译者
② 俄文为 [illegible]。——译者

◎ 在红船上通过的决议

“第三国际万岁！”

“共产主义——人类的解放者万岁！”

她知道，会议终于胜利完成了！她内心的喜悦之情可以想象。但她当时肯定万万没有想到，这个诞生于一条小船上的、只有50多个党员的小党，经过28年的斗争会在全国取得胜利；更不会想到，今天会变成一个有着9000万名党员的全世界最大的政党！

一条小船，诞生了一个大党。这是中国开天辟地的大事变！这将从根本上改变了中华民族的前途与命运！

南湖红船，是党的摇篮，是党的诞生地。

这个结论，是历史的事实，也是一大代表们都一致公认的。

一大代表董必武的诗句：“革命声传画舫中，诞生共党庆工农”，就明确地告诉人们，中国共产党诞生于“画舫中”。

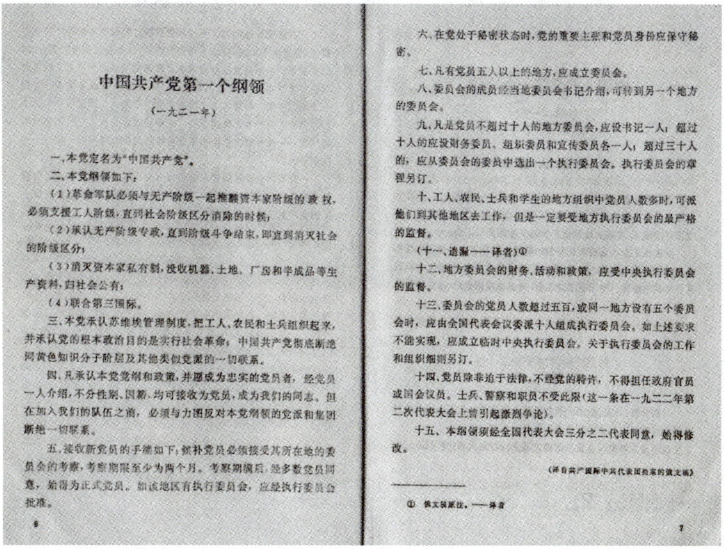

中国共产党第一个纲领

（一九二一年）

一、本党定名为“中国共产党”。

二、本党纲领如下：

（1）革命军队必须与无产阶级一起推翻资本家阶级的政权，必须支援工人阶级，直到社会阶级区分消除的时候；

（2）承认无产阶级专政，直到阶级斗争结束，即直到消灭社会的阶级区分；

（3）消灭资本家私有制，没收机器、土地、厂房和半成品等生产资料，归社会公有；

（4）联合第三国际。

三、本党承认苏维埃管理制度，把工人、农民和士兵组织起来，并承认党的根本政治目的是实行社会革命；中国共产党彻底断绝同黄色知识分子阶层及其他类似党派的一切联系。

四、凡承认本党党纲和政策，并愿成为忠实的党员者，经党员一人介绍，不分性别、国籍，均可接收为党员，成为我们的同志。但在加入我们的队伍之前，必须与力图反对本党纲领的党派和集团断绝一切联系。

五、接收新党员的手续如下：候补党员必须接受其所在地的委员会的考察，考察期限至少为两个月。考察期满后，经多数党员同意，始得为正式党员。如该地区有执行委员会，应经执行委员会批准。

6

六、在党处于秘密状态时，党的重要主张和党员身份应保守秘密。

七、凡有党员五人以上的地方，应成立委员会。

八、委员会的成员经当地委员会书记介绍，可转到另一个地方的委员会。

九、凡是党员不超过十人的地方委员会，应设书记一人；超过十人的应设财务委员、组织委员和宣传委员各一人；超过三十人的，应从委员会的委员中选出一个执行委员会。执行委员会的章程另订。

十、工人、农民、士兵和学生的地方组织中党员人数多时，可派他们到其他地区去工作，但是一定要受地方执行委员会的最严格的监督。

（十一、遗漏——译者）①

十二、地方委员会的财务、活动和政策，应受中央执行委员会的监督。

十三、委员会的党员人数超过五百，或同一地方设有五个委员会时，应由全国代表会议委派十人组成执行委员会。如上述要求不能实现，应成立临时中央执行委员会。关于执行委员会的工作和组织细则另订。

十四、党员除非迫于法律，不经党的特许，不得担任政府官员或国会议员。士兵、警察和职员不受此限（这一条在一九二二年第二次代表大会上曾引起激烈争论）。

十五、本纲领须经全国代表大会三分之二代表同意，始得修改。

（译自共产国际中共代表团档案的俄文稿）

① 俄文稿原注。——译者

7

◎ 在红船上通过的党纲

一大代表陈潭秋在《中共第一次大会的回忆》中，叙述嘉兴南湖会议通过了“党纲”、“举行了中央局的人选”后，明确指出：“这样，即完结了中共的第一次大会，产生了伟大的中国共产党。”

一大代表张国焘在《我的回忆》中说：“……大会旋即宣告闭幕，举行了一个简单的闭幕仪式。”“这样，中国共产党便正式诞生了。”

一大代表周佛海在《扶桑笈影溯当年》中说：“中国共产党，就这样在烟雨苍茫、湖波浩渺的孤舟中，正式产生了。”

◎ 南湖红船（盛建生摄）

嘉兴南湖红船成为党的诞生地，是偶然中的必然

党的一大会议，从上海突然转移到了嘉兴南湖，一般地看来，是一种非常偶然的情况，好像机遇突然降临到了这里。

但我们如果透过现象看本质，又不难从这偶然中发现它的必然性。

在这方面，党史学者陈水林先生在《“偶然”之中的“必然”——论嘉兴是中国共产党的诞生地》（见《中国共产党的诞生》，浙江大学出版社2001年版，第105页。）一文中，作了深入的研究和分析。

首先，浙籍先进分子成为上海发起组的骨干成员，是嘉兴成为党的诞生地的直接原因。

上海党的发起组是全国最为重要的、第一个党的早期组织。在一大召开前夕，这个组织的十名党员中，有7名是浙籍人士。沈雁冰（嘉兴）、沈泽民（嘉兴）、陈望道（金华）、俞秀松（诸暨）、邵力子（绍兴）、沈玄庐（萧山）、施存统（金华）等。

不光人数多，而且他们在浙江的党的早期活动中，发挥了突出的作用。

陈望道翻译了《共产党宣言》的第一本中文全译本。

邵力子主编的《民国日报》的《觉悟》副刊，沈玄庐和李汉俊等主

◎ 施存统

◎ 俞秀松

办的《星期评论》是宣传马克思主义和社会主义影响很大的报刊。

沈雁冰为《新青年》翻译共产国际刊物《国际通讯》上介绍苏俄的文章，为宣传马克思主义做了大量工作。他又是上海党的发起组的主要联络员，一大前后党的许多通讯联络均是经过他在商务印书馆的公开地址而得以转达。

俞秀松不仅是上海发起组的最早成员，而且是当时最早主动到工厂与工人运动相结合的先进者。他又是组织中国社会主义青年团的发起人，成为第一任书记。

施存统等在宣传马克思主义方面都做了大量工作。

这些浙籍党员，为党的一大会议的召开，还直接参与了大量筹备工作:

1920年4月，维经斯基一行来到上海与陈独秀商谈建党一事，邵力子、沈玄庐等人就参与会谈，帮助寻找住所，联系建立华俄通讯社。

俞秀松还直接给维经斯基、杨明斋当过一段时间的助手。

在一大会议遭到法国巡捕房的搜查而中断时，除了王会悟提出到南湖去开会以外，邵力子也是提出建议的人。

◎ 沈玄庐

邵力子虽然是绍兴人，但他的母亲是盛泽人，他自己在盛泽教过书，所以他对嘉兴南湖非常熟悉。他回忆说："中国共产党的第一次代表大会……中途转到嘉兴南湖开，当时也接受了我的建议。"

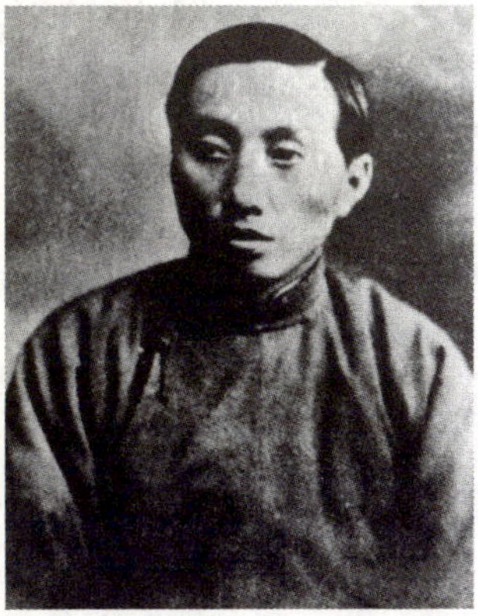

◎ 陈望道

当然，除了上面的直接原因外，符合安全保证和交通便利两个条件，是嘉兴成为党的诞生地的客观条件。

笔者认为，除了以上的直接原因和客观条件之外，还有一个基于中国国情的内在规律：从上海这样一个中国最大的城市转移到嘉兴这样相对偏远的"小城市"，同时也暗示着中国革命的必然道路："星星之火"必须要避开敌人统治力量相对强大的地方，必须到偏僻的乡村去积聚革命力量。俄国革命走的是在城市发动工人暴动的道路，而中国的国情，必须走中国式道路，党从诞生的那一天起，从上海到嘉兴的转移中，就已经暗示了中国式道路的特殊性了。

◎ 陈望道在义乌的故居翻译出了《共产党宣言》第一本中文全译本

这就是偶然之中的必然吧！

第六章

毛泽东与南湖的缘分

毛泽东于1919年为资助一个落难的嘉兴青年，给他买了一张“去嘉兴的火车票”。这会不会使毛泽东对党的一大转移到嘉兴多了一份赞成的可能呢

虽然毛泽东因参加一大而于1921年第一次来到嘉兴，但他对“嘉兴”这个城市肯定不是第一次听说，而是对它有一定的印象的。而这与毛泽东资助过一位嘉兴的落难青年有关。

根据散木先生《青年毛泽东的友人许志行》（见《党史博览》2009年第3期）一文记载，1919年12月中旬的一个傍晚，在长沙到武汉的铁路上，有三个人正迎着寒风疾步走来。他们一边走，一边议论着什么事。其中一个穿着蓝大褂的身材修长的青年就是毛泽东，他此时正以“湖南公民驱张请愿团”团长的身份，带领一个请愿团先去武汉，组织在武汉的湖南青年学生一起去北京请愿。这是他们启程的第一天，走到半路，天上飘起了雪花。他们三个人就进了铁路附近的一座破庙暂避。

进了庙里，发现一个衣衫褴褛、头发蓬乱的青年，毛泽东走上前去关心地问他叫何名字，为何一人夜宿破庙？那青年说他叫许志行，已流浪多日，又冷又饿，身无分文，想去武汉找舅舅。

毛泽东生性同情弱者，见到许志行这般困境，就热情地向他作自

◎ 毛泽东的友人许志行

我介绍，并说明自己正要去武汉，不如一同前行。许志行想不到会遇上了这样的好人，就高兴地跟随毛泽东到了汉口。毛泽东让许志行一起住进了旅馆，并给他钱理发，买衣服，许志行被素不相识的毛泽东照顾得十分感动，就把毛泽东当作大哥，如实讲出了自己的身世。

原来，这个许志行不是到武汉来找“舅舅”的，而是从店里逃出来的学徒。他的老家在嘉兴海宁袁花镇。据嘉兴海宁县委党史办严永顺《萍水相逢　终生朋友——毛泽东与许志行》一文记载（见《湖南党史月刊》1988年第5期），许志行原姓潘，1901年4月出生于江苏省吴县洞庭东山北望村，7岁随父母迁居海宁袁花镇。父亲继承祖业开了一家南货店，由于经营不善，连年亏本，母亲自缢身亡。父亲无力抚养，将他入赘于许家，从此改名许志行。

许志行到许家后，进海宁县立第三高等小学读书，14岁辍学，到一家酱园店当学徒。中国的店员学徒就是一个小长工，他在店里扫地、抹桌子、洗饭碗、擦洋灯、开店门板、站柜台，一天忙到晚。三年后，他不堪这种奴隶式的学徒生活而逃回家中。次年，家中又将他送到上海一家酱园当学徒，他又逃了回来。

连续的逃回，使家中对他十分恼火，想干脆把他送得远一点，让他无法逃回，就把他送到了湖南长沙的一个亲友家中，托人送进了一家五金玻璃店当学徒。许志行还是有点反抗精神的，他在进店的第三天就逃了出来。说来也巧，正在他举目无亲、走投无路时，遇到了毛泽东这个同情弱者的好心人。

据《毛泽东年谱（1893—1949）》上卷第49页记载，毛泽东确实于1919年12月6日率驱张请愿团离长沙赴北京。代表团在汉口停留十天左右，分头动员旅鄂湖南学生一道驱张，联络湖北学生支持驱张运动。

此时，毛泽东听了许志行的身世，对他的遭遇十分同情，愿意资助他路费暂时回家乡海宁，等他请愿行动结束，再为他想办法。在进京请愿前，正好毛泽东要送蔡和森、蔡畅、向警予等赴法国留学，就带许志行一起从武汉来到上海，住在“环球中国学生会”。三天后，毛泽东要去北京继续请愿，就专门给许志行买了一张“去嘉兴的车票”，并给他七块大洋。

“买了去嘉兴的车票”一事，记载于汪静之的回忆录（见汪晴整理：《汪静之自述生平》，飞白、方素平编：《汪静之文集回忆·杂文卷，没有被忘却的欣慰》，西泠印社2006年版，第216页。），汪静之与许志行是浙江一师的同学，据其1993年口述，许志行“他很早就认识毛泽东。他父亲是浙江人，在长沙做生意，小时候父亲带他到长沙店里去做学徒，父亲死了，他想回浙江，店里叫他继续做下去，他不愿意，逃到火车站，没有钱，在那里哭，正好毛泽东走过（当时毛泽东是革命学生领袖），看见他在哭，就问他，许志行回答后，毛说：我要去上海开会，我带你回去。就做好事，把他带到上海，买了去嘉兴的车票，让他回家，他很感谢。"

毛泽东为许志行买"去嘉兴的火车票"一事，虽然目前还只是汪静之一个人的回忆记录，还不能作为定论，但毛泽东资助许志行回家乡海宁的事，是确定的，有许志行亲友和散木、严永顺等有关文章的多处证实。因为沪杭铁路没有海宁站，如果不是买到嘉兴站，那只有到硖石站，即使是毛泽东买了去硖石的车票，也不光体现了毛泽东的古道热肠，也很可能因为有许志行友情的缘故，对这一块土地加以关注，为后来的一大会议转移到嘉兴南湖埋下了伏笔，毛泽东在是否转移去嘉兴南湖开会的问题上，多了一份投赞成票的可能。

说到毛泽东与许志行的友情，甚至可以作为兄弟之情来看待。因为在送别许志行回家乡后，毛泽东北上进京积极开展驱张运动，这其间曾给许志行去信，并寄进步刊物。驱张运动胜利后，毛泽东回长沙，任湖南省立第一师范学校附属小学的主事（校长）。他于1920年9月，筹集经费，在小学高年级部附设"成人失学补习班"。此时，毛泽东信守诺言，与许志行联系，让他到长沙读书，一切费用由毛泽东承担。而且把他与自己的大弟毛泽民放在一个班读书，小弟毛泽覃在小学部六年级读书。就这样，许志行与毛泽民、毛泽覃天天在一起读书，亲如兄弟。毛泽东还亲自给他们一起上"公民课"，给他们讲一些革命的故事和道理。到了寒假和暑假，还让许志行与毛泽民、毛泽覃一起回韶山，在毛泽东的家里的阁楼上温习功课，并在那里过了一个新年，进入了1921年建党的那一年。（见严永顺：《萍水相逢　终生朋友——毛泽东与许志行》一文，《湖南党史月刊》1988年第5期，第13页。）

毛泽东有这样一个当作小弟弟一样的海宁人许志行，在他到了上海参加一大会议时，在要不要转移到嘉兴开会的讨论中，毛泽东赞成去嘉兴的可能性，应该是更大了。

许志行后来在毛泽东介绍下，与毛泽民、毛泽覃一起加入了社会主义青年团，后来加入了共产党，并跟随毛泽东到了广州在国民党中央宣传部工作，后来随北伐军攻克武汉，担任国民党中央党部机要秘书。大革命失败后，许志行回到上海、杭州从事地下工作，1928年回到海宁策动农民暴动起义，失败后又去湖南找毛泽东，可是毛泽东已经上井冈山了。他与党组织失去联系，不得不改为在上海等地从事教书工作。1949年5月27日上海解放，满城人都说毛泽东。当他得知毛泽东已经进京，将建立新中国，他于6月10日欣喜万分地给毛泽东写了信。10月15日毛泽东给他写了回信。毛泽东在回信中写道：

志行兄：

六月十日来信收读，甚为喜慰。迟复为歉！泽民于八年前为国民党杀害。谢觉斋（哉）在北平。我身体尚好，勿以为念。你在上海教书甚好，教书就是为人民服务。为不荒废课业，不要来京。如遇假期，可以来京一游，看一看仍回去教书。关于写有关我的事迹的文章，最好不写，免得引起有些人对你不满。暇时可来信。敬祝，进步！

毛泽东　一九四九年十月十五日

后来毛泽东与许志行常通信，并邀请他去北京做客。1957年夏，许志行提出去韶山看看，毛泽东亲自给他写了一张便条，要求韶山乡人民委员会把许志行作他的朋友来接待。并从自己的稿费中取出500元作为许志行的路费。

许志行听从毛泽东的意见，一直低调地处理他与毛泽东的友情，很少与人提及。1964年许志行因中风，从上海师范学院退休。1983年10月11日病逝。

这是一个毛泽东与一个萍水相逢的嘉兴人的故事。毛泽东对这样一个素不相识的落难的店员小学徒，在自己并不宽裕的情况下，却能倾力相助，并循循善诱的引导，让他走上了革命的道路，为革命的队伍里增添了一分力量。

从这样一个小故事中，我们也不难看出毛泽东之所以能成为伟人的深层次原因。

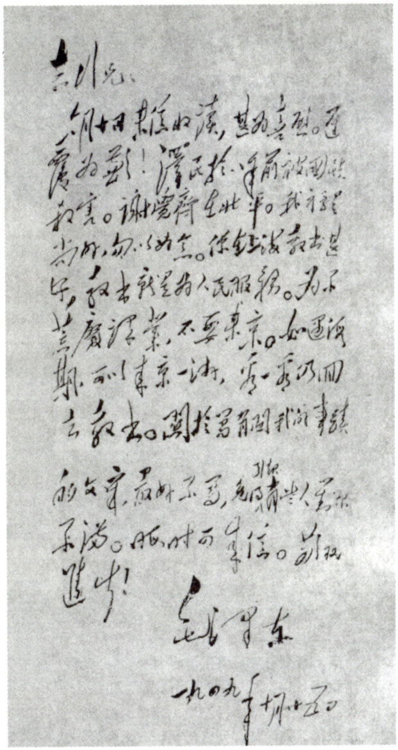

◎ 1949年10月15日毛泽东给许志行的信

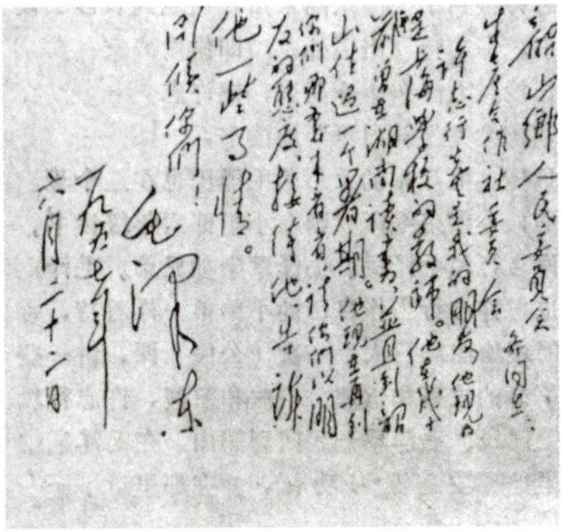

◎ 毛泽东为许志行写的便条

毛泽东回忆道，党的一大会议“是在水上开的”，看来他对南湖的水印象非常深

当年来南湖开会的十多位代表中，最让后人们关注的，应该是毛泽东了。那么，毛泽东他到底在嘉兴南湖有些什么样的故事呢？

毛泽东对南湖，对这条诞生了中国共产党的游船，应该印象非常深刻。他在南湖开会24年后的1945年，在中共七大的预备会议上，讲了这样一番话：

“1921年，我们党开第一次代表大会。在12个代表中，现在活着的还是共产党的（叛变了的如张国焘之流不算），一个是陈潭秋，现在被国民党关在新疆牢监里，一个是董必武，现在飞到旧金山去了，我也是一个。12个代表中现在在南京当汉奸的就有两个，一个是周佛海，一个是陈公博。会是在7月间开的，我们现在定7月1日为党的周年纪念。本来是在上海开的，因为巡捕房要捉人，跑到浙江嘉兴南湖，是在水上开的……”

毛泽东在离开南湖24年后，对浙江嘉兴南湖是记得很清楚的，而且，他对南湖的水应该印象很深，不然，他不会专门提醒，“是在水上开的”！

毛泽东的一生中，对水大概是非常有兴趣的。他最喜爱的运动就是

◎ 南湖的水

游泳。“曾记否，到中流击水，浪遏飞舟。”“自信人生二百年，会当水击三千里。”“金沙水拍云崖暖，大渡桥横铁索寒。”“才饮长沙水，又食武昌鱼。”“万里长江横渡，极目楚天舒。”……

他这次到了南湖，首先让他对南湖水产生深刻印象的，大约是王会悟带着他到烟雨楼上转了一圈后所产生的吧？因为，据王会悟回忆，那天到南湖后，“部分代表如毛主席、董必武、何叔衡、陈潭秋等同志由我陪同先到烟雨楼玩了一回，也没有坐下吃茶，主要目的是为了观察下船停靠哪里比较合适。”

他们在观察湖面时看到了什么呢？是清清的湖水？是鲜红的荷花？是青青的菱蓬？

那么到了船上以后呢？从现在已有的资料来看，没有关于毛泽东在船上这方面的记录。因为他是大会的秘书，他还要在船上开会时作记录。他大概也只能在上船和下船的时候，来更多地来欣赏南湖吧？

◎ 毛泽东在江河中游泳

毛泽东在会上讲话并不多，但他常常陷入深深的思考。他在想些什么

那么，在这次历史性的会议上毛泽东是否发表过重要的意见？据代表们回忆，一大南湖会议上曾形成了两种观点，发生了争论。但当时，并没有任何记录毛泽东的发言。

但尽管毛泽东在南湖会议上颇为慎言，但出席这次大会的一些代表仍然记下了他们对毛泽东的深刻印象。

李达在回忆一大时说道："毛泽东同志在代表住所的一个房子里，经常走走想想，搔首寻思，他苦心思索竟到这样的地步，同志们经过窗前向他打交道的时候，他都不曾看到，有些同志不能体谅，反而说他是个'书呆子'、'神经质'，殊不知他是正在计划着回到长沙后如何推动工作，要想出推动中国革命事业发展的办法。毛泽东同志后来做全党领袖，在这时已显露了端倪。"（见《亲历者忆——建党风云》，中央文献出版社2001年版，第33页。）

担任一大会议主席的张国焘，他对毛泽东的印象也是非常深的。晚年他写了一本《我的回忆》，书中在回忆一大会议时写道："毛泽东也脱不了湖南的土气，是一位较活跃的白面书生，穿着一件布长衫。他的常识相当丰富，但对于马克思主义的了解并不比王尽美、邓恩铭等高明

多少。他在大会前和大会中，都没有提出过具体的主张，可是他健谈好辩，在与人闲谈的时候常爱设计陷阱，如果对方不留神而堕入其中，发生了自我矛盾的窘迫，他便得意地笑起来。"

张国焘到死也没有想通，毛泽东这个看起来比较"土"，理论上又比不上他高明，在一大会议上没有提出多少主张的湖南书生，为何会成为全党的领袖，并能领导全国人民夺取了全国政权，建立新中国。

包惠僧也记得毛泽东在会上很少发言，他于1978年回忆道："毛主席在一大会上，只是代表湖南作了一次简短的发言，其他没谈什么。"（见《"一大"前后》（二），人民出版社1980年版，第380页。）

刘仁静也这样回忆道："在一大会议上，毛主席很少发言，但他十分注意听取别人的发言。毛主席在北大图书馆当办事员时，就与我认识了，我当时觉得他对报纸很重视，无论什么报纸他都看，不管是反动的或进步的报纸。嘉兴南湖会议结束以后，毛主席曾对我说，你今后要多做实际工作。他对我讲这句话，可能与他当时是搞实际工作并在实际斗争中研究马列主义有关系，也可能是认为我在一大的发言有点夸夸其谈。"（见《"一大"前后》（二），人民出版社1980年版，第215页。）

一大召开多年以后，毛泽东回忆一大时的情形说："当时马克思主义有多少，世界上的事如何办，也还不甚了了。所谓代表，哪有同志们现在这样高明。懂得这样，懂得那样……当时我就是这样，其他人也差不多……"（见毛泽东：《中共七大的预备会议上》。）

毛泽东说的是老实话。他觉得自己那时候对马克思主义"不甚了了"，就多听多想。并且，他更多的不是在理论上要搞懂，而且觉得如何与中国的实际工作接轨，才是更重要的。所以他在会议结束时，友好地和刘仁静握手，并说“你应该多做实际工作”。因为毛泽东通过一大会议已经发现，刘仁静等许多知识分子的主要通病，在于对中国的实际了解太少。这也可以看到，毛泽东日后把马克思主义的普遍真理与中国革命的具体实践相结合后，对中国革命将带来怎样的推动。

毛泽东和他的一个朋友在南湖边住了一晚，这个小旅馆在嘉兴的“一条横街上”

南湖会议结束以后，根据大多数人的回忆，代表们都回上海了。有没有人留下来过夜呢？有人说是有人留下来的，而且这个留在嘉兴过夜的人就是毛泽东。

毛泽东的湖南同学中有一个人叫萧瑜，又名萧旭东、萧子升，他于20世纪50年代中期在国外出版了一本书叫作《我和毛泽东的一段曲折经历》（又名《毛泽东和我曾经是乞丐》）。书中就写了他与毛泽东在嘉兴南湖过夜的经历。

这个萧瑜，与毛泽东同是长沙第一师范的高才生，他比毛泽东晚八个月出生，却要比毛泽东高出三届。他俩同是著名教育家杨昌济的得意门生。在1913年到1918年之间，他们对当时军阀政府统治下的混乱局面、民不聊生的现状以及帝国主义列强意欲瓜分中国的咄咄逼人的气焰，怀有共同的忧虑和愤慨。他们共同发起成立“新民学会”，萧瑜为总干事，毛泽东为干事。他们一同组织新民学会会员赴法国勤工俭学。他们两人还曾在身无分文的情况下，出游近千里，走了五个县。在这一段时期，他与毛泽东几乎天天同桌吃饭，抵足而眠，成为无话不谈的朋友。他们深入地了解中国社会底层人民的生活。但两人开出的“药方”

却不同。萧瑜因坚定信仰无政府主义而最后与毛泽东分道扬镳。毛泽东在与斯诺的谈话中讲到，“第二年夏天，我开始在湖南徒步旅行，游历了五个县。一个名叫萧瑜的学生与我同行。我们走遍了这五个县，没有花一分铜板。农民们给我们吃的，给我们地方睡觉；所到之处，都受到款待和欢迎。和我一同旅行的萧瑜这个家伙，后来在南京在易培基手下当国民党的官……”（见埃德加·斯诺：《西行漫记》，三联书店1979年版，第122页。）

◎ 萧瑜所著《我和毛泽东的一段曲折经历》

两人虽然是分道扬镳了，但作为当年最亲密的同学、新民学会的发起人，萧瑜写的这本书，还是有一定的参考价值的。其中有许多详细的细节，如果光凭臆造也是很难造出来的。

他在这本《我和毛泽东的一段曲折经历》中，专门列出一章《中国共产党的诞生》，写了他去上海办事的时候，正好毛泽东要去上海参加一大会议。这样，他们就一同坐船从长沙出发了。在描写了在船上的一些交谈以后，他们到汉口分手，又写到他到上海去找毛泽东，某天晚上毛泽东从会场回来，告知他法租界的秘密警察的跟踪。接着他以详细的笔墨，描写了去嘉兴南湖的经过：

一天，毛泽东看上去比平时高兴些，他说，“我们想出一个新办法。一位代表的女友是浙江嘉兴人，她说我们可以扮作游客由上海去西湖，路经嘉兴时，就在嘉兴城外南湖的船上开会。为了躲避秘密警察，我们须加倍小心，我们得假装买火车票去杭州西湖。火车上有很多游客，我们到嘉兴时，走下车去，好像是在月台逛逛，然后混在人群中直至火车离开。即使秘密警察从上海就跟随我们，也不会想到这点的。况且，他们对上海市外的情形，也不大了解。你跟我一起去嘉兴吧，今后我们可以一同游西湖。我小时候就听说那里的风景很美。感谢上海的秘密警察，我终于能到西湖逛逛了。”

“很好”，我表示同意，“我们明天就去逛西湖。”

第二天早晨七点，毛泽东和我离开住所，到火车站买三等票去杭州。大约九点钟我们的火车进了站，一块巨大的白色牌上写着“嘉兴”两个大字。火车一停稳，我们就跳下去，混入月台上的人群中。过了一会儿，我们尽量装作若无其事的样子走出车站，步入大路。其他的代表也已走下火车，他们互相见到时，彼此都装作素不相识的样子。毛泽东和我沿街走去小心地提防着周围，但没有发现有人跟踪。我们在一横街内找到一家小旅馆，租了一个房间过夜。

房间内有一个床和一张小桌子。床很大，占地三分之二，剩下的空间只够走动的了。蚊帐很白净，因此我决定住下。在炎热的夏天，一个好蚊帐是留宿的重要条件。我们安顿下后，毛泽东便要到开会的地方去，他拉着我的胳膊说，“我们一起去逛南湖！”

“不，我在这里等你回来，然后我们一起去游西湖，”我回答说，“你什么时候能回来？”

“你不愿跟我逛南湖真是太不应该了，”毛泽东接着说，“我打算傍晚回来。我们要在船上吃饭，所以你别等我吃晚饭了。”

说完后，他默默地看了我一眼，然后一言不发地走了。我写好几封信后，沿着南湖的岸边慢慢地踱着，眼望船只在湖上缓缓驶过。在船上举行秘密会议真是个好主意，我猜着是哪只船上将诞生中国共产党。

吃完晚饭，仍不见毛泽东的人影，我便洗了个澡，凭窗向外眺望以消磨时间。尽管夜幕完全降临，但水面上渔火点点，煞是好看。我关掉房间的灯，上床睡去。毛泽东两、三个小时后回来，他打开蚊帐，问道，“萧先生，你睡了？”

“是的，”我回答：“我已经睡了。别打开蚊帐，这里的蚊子太恶了，可别让它们钻进来！今天的工作可称心？”

“是的，满意极了，”毛泽东回答：“我们在船上谈得无拘无束。你没去，真可惜。”

我问道："你们在会上作出了什么决定？你们准备采取怎样的行动？"

毛泽东平静地回答说，"我们决定必须把中国建成一个社会主义国家。我们必须组织起来，战斗到底。"

"你们将怎样组织起来？"我问。

"代表们都不是乌合之众，"毛泽东解释道，"其中一些受过很好的教育，他们还能读日文或英文。我们决定应首先成立一个核心小组。这个核心就是中国共产党。之后，我们将安排具体的宣传工作和特别的行动计划。第一步是使劳动阶级和青年学生信仰共产主义。第二步是我们一定要参加第三国际。"

"但是，"我说，"第三国际是俄国。你们为什么不组成第四国际呢？"

"那是什么？"毛泽东问道。

"第四国际，"我解释说，"是共产主义的理想主义部分，它是马克思和普鲁东的理想的结合。它是自由的共产主义。你记得我说的双轮人力车吧？自由共产主义的人力车有两个轮子，它无需外力来支撑！如果你同意沿着这条路线组织你们的运动，我将贡献出我的一生！"

"一千年以后我们再谈论它吧，"毛泽东有点沉闷地说，他一边说一边打开蚊帐上了床，"我们还是早点睡觉吧，明天一早起来去逛西湖。"这样说着，他就躺下了，可是，我们不可避免地又展开了有关共产主义和自由、国家与个人等屡谈不厌的讨论，一直谈到快天亮。毛泽东睡觉很沉，从不愁睡不着，在那张大床上，我不觉得他就在身旁。

我醒来时，晴天碧朗，毛泽东仍沉睡未醒，于是我静静躺着。过了一会儿，他睁开眼，我说道，“润之，天大亮了，我们起来吧。”

“几点了？”他问道，“我能不能再睡会儿。”

我告诉他可以，然后轻手轻脚地起了床，半小时后他醒了，迅速起床，说，“几点了，我们是否误了火车？”

“没有，不用着急，”我告诉他，“还早。从这里每天有好几趟车去西湖。”

因为火车上人很多，我们又长谈了几个小时，但很是杂乱无章，没有深谈某个问题。我们多是在批评共产主义运动的领袖陈独秀，因为他太书生气了，外貌又相当像资产阶级。李大钊似乎更能赢得我们的拥护，但显然俄国人喜欢陈独秀，而他又是南湖会议的主要组织者。

下午我们到达杭州——浙江的省会，湖边的房舍，道路和公园构成一幅难以形容的美丽图画。我想起一句话：即“上有天堂，下有苏杭”，感到那一点也不夸张。

毛泽东和我参观了许多著名的风景区，尽管水光山色美不胜收，可是我们却不能在这久留。

“我们明天必须马上走！”毛泽东说。

第二天我们乘火车返回上海，毛泽东不久回长沙去。我又呆了一周办理事情，然后返回北京。

这是萧瑜关于和毛泽东一起在嘉兴住了一晚的回忆。第二天他们一起直接从嘉兴去了杭州。毛泽东与萧瑜在杭州游玩了一天。

毛泽东去杭州游玩的事，还有刘仁静可以证明。

刘仁静说："参加'一大'以后，我和高尚德二人去游西湖，在西湖碰到了毛主席。他当时穿着长衫，拿把雨伞，看见我们时，向我们点点头。"（见《"一大"前后》（二），人民出版社1980年版，第215页。）

刘仁静在杭州见到毛泽东，间接可以证明毛泽东确实在嘉兴住了一晚。否则，他何必从嘉兴当晚先回到上海，再从上海去杭州，再从杭州回上海，乘船回湖南。从路线上来说，在嘉兴住一晚再去杭州是比较可信的。

不久，毛泽东回到长沙，并于第二年5月担任中共湘区委员会书记。从那以后，他再也没有见到过萧瑜。两位挚友从此走上了截然不同的政治道路。

◎ 民国时期的南湖烟雨楼

新中国成立后，有一次毛泽东乘专列经过嘉兴，命紧急停车，下车默默地凝望南湖达半个小时之久

时间过去约40年后的一个秋天的夜晚，中华人民共和国主席毛泽东，乘专列前往杭州。

据说，毛泽东乘专列在路经嘉兴时，突然要求列车停了下来。他走出火车，对着南湖的方向凝望了足足半个小时，整个半小时，他一言不发，然后返回车内，继续他的行程。

为了此事，笔者专门查寻有关的资料。看到《南湖晚报》上有南湖纪念馆负责人关于此事的报道。他说，“根据浙江省接待办的一位老同志回忆：在上世纪60年代（可能为1961年或1962年秋天）。一次，毛主席在乘专列到杭州的途中路过嘉兴南湖，他突然要求专列停车，没有让任何人陪同，独自走下火车，站在南湖东北侧，面向红船方向，深情凝望沉思良久，近半个小时后，他才缓缓登上列车离去。整个过程，他没有说一句话，但此时无声胜有声，对南湖的情感表露无遗。”（嘉兴在线2007年10月13日，转录《南湖晚报》记者 姜鹏飞、邓钰路报道。）

虽然说法与时间不一定确切，但毛泽东在南湖边上默默停留的事，应该是可能的。

这时他在想些什么呢?

也许,他回忆起了当年,他作为一个28岁的青年,为寻求中国革命的道路,来到南湖开会时的情景?

也许,他回想起了离开这南湖后的几十年来所走过的风风雨雨?

也许,他因为凝望南湖,让他对中国今后的发展前景有了新的构想?

也许,他就是想再到南湖的那条船上去看看、坐坐?只是怕夜深了,不便打扰?

当然,我们根本不知道他在默默地思考些什么。

而也就在此时,当年与毛泽东一起来过南湖的萧瑜,正客居海外一个叫乌拉圭的小国。晚年的萧瑜正在写回忆他与毛泽东的故事《我和毛泽东的一段曲折经历》(又名《我和毛泽东曾经是乞丐》)。冥冥之中,两个人的思绪是否又碰到一起了呢?

当年两个亲密的朋友为建设一个什么样的国家而发生争论的时候,他们有没有想到今天这样不同的结局呢?

◎ 南湖晨曦

尽管毛泽东后来感叹："中国产生了共产党，这是开天辟地的大事变。"但当时的毛泽东和其他代表们可能都没有预料到，就是在这个南湖上的简陋的一个小会议，在这么小的一条游船上作出的决定，日后会成为整个中国的命运转折点。

第七章

党的一大召开前后的南湖人文风情

南湖自古以来就是藏龙卧虎之地，乾隆皇帝六下江南每次都要乘龙舟游南湖，登临烟雨楼台，赋诗题字

嘉兴南湖，作为著名的风景胜地，已经有很久的历史了。据吴耦汀的《烟雨楼史话》记载，五代十国时期，江南的吴越国钱镠从建国起就在临安(今杭州市)兴建宫殿，各处地方官吏也都纷纷效尤，用百姓的血汗来建造楼台亭榭，享受奢侈荒淫的生活。钱镠的第四个儿子、中吴节度使广陵王钱元璙，虽在《吴越备史》的传记中说他“在郡三十年，性俭约”，却也看中了浙北这个河渠纵横、湖水广阔、绿树成荫、风景秀丽的鸳鸯湖，于五代后晋年间（公元936—947年），在湖东畔建造了一座豪华的台榭，供他作为游乐的场所。明万历《秀水县志》说：“元璙筑台鸳湖之畔，以馆宾客。”当时钱元璙建造了这座台榭后，他自己不会经常住在那里，所以成为“以馆宾客”之地了。从此，南湖（当时叫“鸳湖”）作为旅游胜地，渐渐成形。但当时还没有“烟雨楼”这个名称。

烟雨楼的名称，历史上最先见到的记载是元代至元间撰的《嘉禾志》，志书中载有宋吴潜作的一首水调歌头词《题烟雨楼》，全词曰：“有客抱幽独，高立万人头。东湖千顷烟雨，占断几春秋。自有茂林修竹，不用买花沽酒，此乐若为酬。秋到天空阔，浩气与云浮。叹吾曹，缘

五斗，尚迟留。练江亭下长忆闲了钓鱼舟。矧更飘摇身世，又更奔腾岁月，辛苦复何求。咫尺桃源隔，他日拟重游。”

◎ 古烟雨楼（国画）

也有人说，烟雨楼的名字，是因唐朝诗人杜牧“南朝四百八十寺，多少楼台烟雨中”的诗意而得名。

当年的烟雨楼台不在湖中，而在湖边。明嘉靖二十七年（1548年）嘉兴知府赵瀛疏浚市河，所挖河泥填入湖中，遂成湖心小岛。第二年仿“烟雨楼”旧貌，建楼于岛上，后经过扩建、重建，逐渐成为具有显著园林特色的江南名楼。

使嘉兴南湖名声大噪的，是乾隆皇帝六次下江南，其中有八次登烟雨楼（其中有两次从杭州回来再次上烟雨楼）。每次都到嘉兴，对风景幽美的南湖，明爽秀丽的烟雨楼，赞叹不已，流连忘返，每次到来都写有诗篇，以记其游。先后赋诗二十余首，盛赞烟雨楼。

乾隆十六年(1751)，乾隆开始第一次南巡，正月十三日从北京出发，至苏州后，自

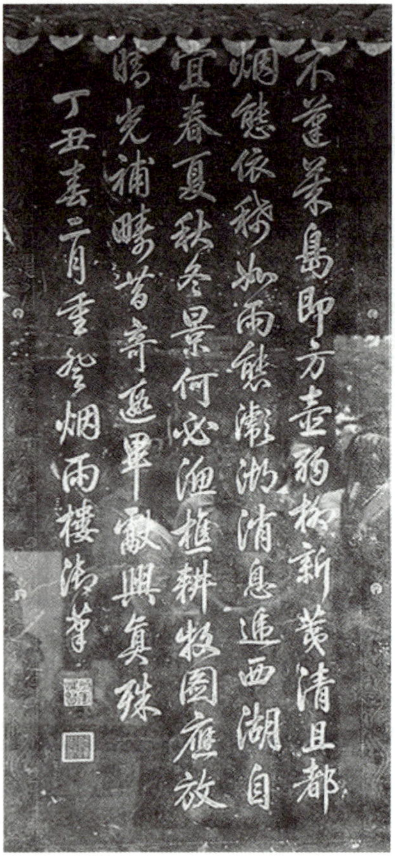

◎ 南湖乾隆御碑

吴江到嘉兴，驻跸在秀水县北教场大营，即北门外杉青闸对面的御花园。次日游览烟雨楼，有《烟雨楼用韩子祁诗韵》诗记其事。

当年乾隆皇帝从北门外杉青闸对面的御花园到南湖烟雨楼的路线，必当取道陆路，进北城门走大街，出东城门，在熙春桥和放生桥一带地方，登上所谓龙舟，渡湖登烟雨楼。所有经过的地方，一定是兵丁林立，道路戒严，家户紧闭，不准窥看。

到第五次南巡即乾隆四十五年(1780)，正是乾隆七十大寿，游览烟雨楼后，作了《题烟雨楼》诗。这次他对南湖和烟雨楼更是依依不舍，特地还命画师绘了烟雨楼全貌图，在热河避暑山庄仿建了一座烟雨楼，以便在不能南巡时，也能与烟雨楼朝夕相伴。

乾隆四十九年(1784)第六次南巡，也是他最后的一次巡游江南。在登上烟雨楼时，乾隆写下了永别烟雨楼的诗句——《题烟雨楼》：其结句："不拟南巡更临此，鸣榔欲去重徘徊。"流露出他对烟雨楼景色的无限留恋。

想必当年的南湖，豪华的龙舟以及各

种各样的官船，以至精致的画舫，在湖中浩浩荡荡地来回游弋，旌旗如林，笙歌夜夜，诗酒唱和，一派奢华和喧嚣景象吧？

在这个帝王们流连忘返的江南水乡，在这个藏龙卧虎的皇家后花园，似乎正在孕育着新一代的民族领袖。他们将把这些“秦王汉武”、“唐宗宋祖”们，都归入“俱往矣”的旧时代，而一个崭新世纪的“风流人物”们，将从这里驾起红船，扬帆起航……

南湖的游船，兴盛于清末民初，是嘉兴旅游的一大特色

党的一大前后，江南水乡的交通，主要就是依靠船只运输。船，是江南水乡最重要的交通工具。船只在南湖中同样占着重要的位置。这里所讲的南湖里的船只，是指围绕以游览烟雨楼为目的地的游船。吴耦汀的《烟雨楼史话》根据历史记载和采访所得，列出了数种船的类型，其中一种船叫“精舫”，是特别豪华的船只，只有明末清初间存在过，到一大会议前后已经绝迹。

另一种叫“网船”，又称摆渡船，船身很小，一个人可以一手摇橹，一手撑篙，曲汊小港，往来非常便利。这种船只原是种菱捕鱼的工具，在空闲季节载客烟雨楼作为副业。后因时代变迁，载客游湖反而作为专业，所以船只装饰也逐渐华丽，但式样还是相同。就在这种船上，形成了旧社会中南湖特有的时代产物——“船娘”。

还有一种叫“挡板船” 这种船只比网船大些，平时租给大户人家招待客人和上坟之用。夏秋二季，妇女们游览烟雨楼时，都用这种船来摆渡。

但最有名的一种船，是叫“丝网船”。

吴受福《古禾杂识补》中说：“丝网船来自无锡，其船既大，制愈轩

爽，船户伺候周到，能治肴馔。夏日客每唤渡南湖，借乘凉为名，维舟菱牵竹上，尽半日之长，饮博极欢，间有挟妓者。”陶元镛《鸳鸯湖小志》载：“丝网船常泊北门外荷花堤，客在东门，可托旅馆或酒肆介绍，招船主来面洽。菜随客点，通例船菜并计，自二十元至三十元。烟酒自办，或并属代办均可。最好先与讲完价目，菜用何色，船泊何地，一一与之接洽妥善。届日可乘早班车，船至鼓棹入湖。夏天可择当风地点，抛锚停泊中流。船菜以虾蟹二味为最佳，饭家无此隽味。客在湖心如须登岸，渡船一呼而集。”

这里所称的丝网船即为“无锡快”，为什么把“无锡快”称做丝网船，有两种说法：钟鼎在《荻塘棹歌》注中讲：“太湖之中，向有黄丝网船，皆六桅，常年停泊湖心，男女老于舟。鱼市铺户，用小船就之贩卖。”因南湖中的无锡快载泊湖心，所以形象地把它比拟成丝网船，后来无锡快的名称反而被人忘记。另一种说法据《演繁露》：“丝网两字是罘罳者，刻镂物象，著之板上。至其不用，合板镂刻，而结网代之，以蒙户牖，使虫雀不得穿入。”无锡快船上装有玻璃窗和装饰镂刻，把它称为丝网船，是指船只精致的意思。这两种说法，都有一定的根据。

丝网船大而精美，可以设筵两席，能容一二十人，有双夹弄和单夹弄之分。清同治年间，渐由无锡来嘉兴，应酬游客，在清朝末年和民国初年间最盛，最多时南湖中有数十艘之多。船身油漆，光亮夺目，普通百姓是没有那么多的钱来租用游湖，而有钱的财主们则常坐这种船只，在湖上饮酒赌钱，狎妓唱戏，寻欢作乐。一些文人墨客，也经常在这种船上会文吟诗。丝网船一般自清明节来嘉兴，过中秋回无锡，也有在嘉兴过年的。船只都停泊在北门外荷花堤。

当年一大会议用的船，就是这种“单夹弄”丝网船。在这种船上用餐，一般也有基本的菜式。我们从徐珂《天苏阁丛谈》一书中可以看出丝网船菜肴的记载：“……坐定开宴，有肴馔八小碗为虾仁、蟹粉、蹄筋、麻菇、五香鸽、虾圆、白木耳、莲子。六大碗蟹黄、鱼翅、八宝鸭、鱼肚、冷拌鳖裙、火腿膧、粉蒸肉。”

不知道当年一大代表们吃的中饭的菜谱，是否与以上的菜谱差不多？

与游船相关的人文风情，比较有名的就是南湖“船娘”了。笔者查到嘉兴地方志1936年的《嘉区一瞥》中记载，可见一斑：“清末民初时，南湖船娘之风最盛，其船均停泊于东门外狮子汇”。“自船埠至烟雨楼，除荷花生日与七夕两天特别忙日外，一渡起码两元，声价之高有如此者……” “在革命军奠定江南时……一般船娘，亦随时代而改革，短发短裤，束腹露腿，不知者，疑校中女生”。（见《嘉区一瞥》1936年，第184页。）

所谓“船娘”，其实是渔家女子的一种副业，也是旧时代妇女的一种悲惨命运的写照。在南湖船娘中，还出现了一些为革命事业而冒险付出的事例。

如韩国国父金九曾长时间在嘉兴的游船上避难，而这中间负责掩护和照顾他起居的便是嘉兴船娘朱爱宝。对于掩护服侍他多年的朱爱宝，金九自称：“我和她在不知不觉中产生了类似夫妇的感情，她照顾我实在功劳不小，当时我认为一定后会有期，所以除了车资外，没有给她足够的钱，真是遗憾之至……”后来，金九还带她到了南京，南京沦陷前，金九去了长沙，让朱爱宝暂时回嘉兴，总以为后会有期，但最终没有实现，并失去了联络。

◎ 民国时期的南湖船娘

在“党的生日”期间，南湖举行了一场万人空巷的“荷花生日”的盛大民间活动

每年的农历六月廿四，嘉兴风俗称这一天是“荷花生日”，又称雷祖(嫘祖)生日。这个民俗盛行于清乾隆到民国时期。

荷花，被中国人看作是圣洁的象征。宋代周敦颐在《爱莲说》中说，“予独爱莲之出淤泥而不染，濯清涟而不妖，中通外直，不蔓不枝，香远益清，亭亭净植，可远观而不可亵玩焉。”人们以它“出淤泥而不染”的品质来勉励自己，从而赋予了荷花以圣洁的形象。

而党的一大开会的时节，南湖正是荷花的世界，莲叶接天，荷花满湖。这里荷花品种繁多，花儿有单瓣、复瓣、重台、并蒂等名目，颜色有红的、紫红的、白的等，映在翠绿的荷叶中，一阵轻风吹拂，犹如凌波仙子脚步轻盈地向人们走来。

到了“荷花生日”这一天，市民倾城游南湖，可不付摆渡钱，去烟雨楼侧雷祖殿(嫘祖殿)进香。此日南湖游船汇集，大小船只数百艘，穿梭于湖面上。夏日赏荷，使人倍觉精神。人们在这一天，尽情地到南湖去划船、游园、赏玩、祈福。

到夜晚，湖面上会响起悠扬的昆曲吟唱声。百姓自己组成的民间昆曲社，在湖上举行曲会为游湖的人们助兴。嘉兴与昆山相距不过七八十

里，当年昆山的“昆山腔”和嘉兴的“海盐腔”被称为明代戏曲的“四大声腔”中的两大声腔。嘉兴的民间曲社非常繁盛。这种流传了六百年的昆曲，给南湖的夜晚带来了具有深厚民族文化传统的韵味。

更有意味的是，当天夜幕降临时，这里便会举行南湖特有的“荷花灯会”，人们在南湖湖面上放满千姿百态的荷花灯。荷花灯以纸扎灯，下面托载木片，中燃红烛，漂浮水上，多至千盏，星星点点，犹如银河降落凡间，犹如人间仙境。人坐在船上，舷窗外触目皆是动荡的荷花灯，错落有致，姹紫嫣红，让人惊艳。那花瓣薄薄的，一如蝉翼，五颜六色的灯光温柔地穿透了它，恍如梦的翅膀。火树银花的灯会，让南湖沉醉在桨声灯影中，成了一个梦的湖泊。

据说，在“荷花生日”这天放荷花灯，荷神会因此连续显圣三天。

◎　南湖荷花灯会

在荷神显圣的时候，只要你在水中放一盏荷花灯，荷神就能看到你的愿望，就会圆你一个心愿，圆你一个梦。

1921年的农历六月廿四，公历是7月28日，恰好是一大会议在上海开会期间，五天后的8月2日，12位代表来到了南湖。

难道是百姓们对荷花神许了心愿，引来了中国共产党这个大救星降临了南湖吗？还是一大代表们被老百姓当作了“荷花仙子”来迎接了呢？

谁能想象，这星星点点在微风中波动的荷花灯，后来会点燃中国无产阶级革命的燎原大火呢？

“荷花生日”与“党的生日”正好相遇，这难道又是一种巧合？还是冥冥之中上天的安排？

1921年，当南湖的百姓们在庆祝“荷花生日”的时候，是不是也同时是在为党“庆生”呢？中国共产党在南湖诞生的时候，它不就像荷花

◎ 荷花灯会今日得到传承

一样，为求工农大众的解放，而从灾难深重的旧中国的“淤泥”中倔强破土而出吗?“小荷初露尖尖角”的她，一旦出现在中国的大地上，她那“中通外直，不蔓不枝，香远益清”的品格，立即得到了全国人民的衷心拥护和追随，只经过了短短的28年，就带领人民荡涤了一切污泥浊水，迎来了一个人民当家做主的新世界。

南湖的荷花，愿你年年“日出江花红胜火”，你值得百姓们年年为你“庆生”!

第八章

红船重现南湖的怀抱

新中国成立后，人们想念红船，盼望它重现南湖。嘉兴地委决定，筹建中共一大纪念馆

中国共产党在南湖红船上诞生后，中国就发生了翻天覆地的变化。党领导人民进行了土地革命战争、抗日战争、解放战争，取得了全国胜利。从此，这艘画舫成为了人民心目中的“红船”，人们都想一睹它的神采：这究竟是一条什么样的船，它竟有这样神奇的魅力！

新中国成立后，人们来到南湖岸边，但是南湖已经不是当年的南湖了。哪一艘是一大代表们开过会的船？哪一位是载过一大代表们的船家？几十年过去了，怎样才能找到它的踪迹？

根据人民的愿望，1958年初冬，为迎接新中国成立十周年，中共嘉兴地委决定，筹建中共一大纪念馆。嘉兴南湖革命纪念馆筹建委员会当即成立。主任是沈如淙（中共嘉兴市委书记、市县合并后任县委副书记），郭竹林（中共嘉兴县委宣传部副部长）、丁力（嘉兴镇镇长）任副主任，下设办公室，郭竹林兼任办公室主任。

筹建办主任郭竹林，山东东营人，是1942年参加革命的老同志。根据海盐杨成其对郭竹林的采访，记录了郭竹林的回忆材料，写成《中共“一大”南湖红船仿制经过》，在舟山市《普陀史志》2002年第1期上发

表，我们据此可以了解当年筹建一大纪念馆的经过。

建馆的地址为南湖烟雨楼，建馆的镇馆文物当然是这条一大开过会的船，于是，寻找这条船成为首要任务。郭竹林从文教系统抽调十多位同志，开始了调查摸底，寻找这艘渡船。

20世纪20年代南湖的游船，有瓜皮船、婆娘船、脚划船、小游艇、小汽轮、丝网船等，但经过军阀混战，尤其抗战时日军占领嘉兴，民不聊生，游船渐渐消失。抗战胜利后，国民党政府大肆搜刮，制造内战，经济破败，南湖游船几乎绝迹。时过境迁，要找到30多年前中共一大代表开会的游船，了解游船的模样，是多么艰难啊！在郭竹林的带领下，十多个人深入基层，遍访茶馆、酒肆、饭店、客栈、戏院、码头；询问游客、艄公、渔民、店员、居民。许多热心人也主动参加了查访工作，信息源源而来。南湖戏院私方经理吴明培，曾是游南湖的常客，他能讲出各种游船的式样，还提供了艄公的线索。功夫不负有心人，在嘉兴荷花堤看到了20年代小号无夹弄的游船，得知这种游船来自太湖。因此，扩大了查访范围，到临近周边县查访，见到当初游船的船板、门窗、雕饰的零部件、船上用具、凳、花具、碗、杯盘收购回来。

当年一大开会的那条船，看来是找不到了。现在唯一的办法，就是仿制一条一模一样的游船。在嘉兴市、县合并时，在南湖烟雨楼举办船模型展览会，有一游船模型引起筹建办的关注，就以此船模为样子，召开一个有老游客、老船工参加的座谈会，会上广泛征求意见，提出修改意见三条：一、船篷顶不是“人”字形，也不是圆形，形状似绍兴戏船，圆弧形为宜。二、船内有窗、透光、透风。三、船是丝网船，极其精致，有前厅、中厅、卧室，卧室在中间开门。船型为中号单夹弄，后边窗船蒙住，供做饭用。

根据群众座谈的这些意见，筹建办抽调了嘉兴一中美术教师陆松安与嘉兴船厂的一位技工，开始制造船的模型。与此同时，寻找当年的那条船的希望还没有破灭。听说当年的这种游船都是无锡来的，1959年3月初，郭竹林、董熙楷（县委宣传部干事）、卞洛（县文化局局长）三人去了江苏无锡。目的第一是找寻游船，第二是请无锡造船厂支援技术力量仿造船。他们三人一行寻遍太湖，没有找到当年的游船。在轮船码头，却意外地发现一只改装成运输船的双夹弄丝网船，船的风格终于有了更明确的样子。这样，虽然要找到原来的那条船几乎是不可能了，但仿造的式样却有了突破性进展。

他们三人到了无锡造船厂，厂领导大力支持，答应抽调两名工程师，一人制图，一人施工，支援仿制游船。

在仿制游船的同时，3月中旬郭竹林一人先行去北京，希望能联系到一大代表董必武。在北京火车站打了一个电话给中央办公厅联系，一辆吉普车开来接到中央文物局，局长王冶秋对郭竹林说："你住在招待所（文物招待所），一切事情由我安排。"一个星期后，董熙楷把船模带到北京，郭竹林交给王冶秋，准备去访问董必武同志。董老到东北视察去了，后来又到上海视察，在招待所等待了几天。王冶秋说，可以去找王会悟，并提供了王家住址。3月31日早晨，郭竹林、董熙楷两人从地安门乘公交汽车到复兴门站下车，步行一站路程找到了王会悟。

王会悟介绍了当年那艘船的式样：中间有一个大舱，大舱后面有一个小房间，内放一只铺，有漂亮的席枕，房间后面船艄住船老大夫妇，中舱和船头中间有一个小舱，可睡一个人（有栏杆和中舱隔开），船的右边有一个夹道，左边没有夹道，中舱内靠右边放有几枕俱全的烟榻一只。上边挂有四扇玻璃挂屏，两边玻璃窗上挂绿色窗帘。放大八仙桌一张，还有圆的、方的凳子。家具颜色是淡紫光色的广东漆。王会悟讲述的一大开会的游船，是一艘中型单夹弄丝网船。虽相隔30多年，但她仍记忆犹新，为仿制红船提供了可信的目睹者的资料。

◎ 晚年的王会悟

因仿制红船有许多事要在嘉兴准备，王冶秋对郭竹林说："你们有事先回去，事情由我来办。"郭竹林就写了十几个问题，托王冶秋转呈给董老，并请求中央拨款以造红船。

郭竹林回嘉兴后，从无锡造船厂调来的两名工程师也来到嘉兴，就召开了一个红船定型会。确定船为长16米、宽3米的单夹弄中号丝网船。船头宽、平、美观，船舱不宜太深。会后，由无锡造船厂工程师进行设计，确定嘉兴造船厂承办造船。备料工作顺利进行，浙江省物资局顾局长说，要什么材料就供应什么，当时优质木材、桐油、漆、金粉是紧缺物资，但均按购货单子全部、足额供应购买。为了使船造得质量更好，除嘉兴造船厂全力以赴承造，又从各县抽调近20位造船的能工巧匠，参与造船。

嘉兴地委、县委领导十分重视红船仿制，每一项决定，都进行研究与分析，如郭竹林到北京找董老审批船模，争取中央拨款造船，造船过程中经常询问商量，协调各类关系。

1959年6月6日中共嘉兴县委宣传部将嘉兴县委关于“南湖革命纪念馆”筹建报告寄王冶秋局长。6月13日文化部文物管理局回信，关于董必武同志对船样式的书面答复和文管局对建筑问题的书面指示。

关于南湖革命纪念馆筹建的规划报告收悉，现将王冶秋局长转来的意见抄录如下：

一、关于南湖开会船型的问题，经请示董老，他的答复是：

(1)事情已经距离四十年了，要想当时各种情况都记得，是不可能的。如船的式样、窗门的颜色、桌凳的方圆等，总的来说一、二、三条我是记不得了。

(2)船的样式，你们找了当地造船的、驾船的、旅馆的老工人座谈，这是一个好的办法。看那时候1921年嘉兴南湖的游船是一种什么样式，我们坐的船一定是普通的形式，决不会是特殊样式，因为是秘密会，怕人注目。

(3) 记得有二点：①那天有二只船，不是一只船；②大会是在船上结束的。那么“一大”的决议、党章、成立中央机构可能是在南湖船上通过的。

二、建筑问题

(1) 船坞今年可以不修，待船入水后经过一、二年，大家看了没什么意见，再修船坞为妥。请考虑。

(2) 船的设置地点，可以在烟雨楼东南方向湖心。先用锚固定。

(3) 陈列室最好采取南北向，要注意多留墙面，注意防潮设备。其余由地方审查决定。

文化部文物管理局1959年6月13日复信，是唯一中央机构的文字资料，也就是中央机构认可嘉兴中共一大革命纪念馆的筹建，董必武同志答复由王冶秋转告。除此之外，中央机构、领导人没有别的批示。3万元经费仿制红船由文物局汇给浙江博物馆，再转给嘉兴南湖纪念馆。在当时的条件下，建馆与仿制红船的一切手续完备。中共嘉兴县委于7月3日发了〔355〕号文件，上报地委、省委宣传部、省文化局，修建规划上报中央文化部文物管理局，“设计任务书”由县人委上报省人委。

根据董必武回忆，大船后面还有只小船，是保卫人员坐的，万一发生情况，也可用于撤退。王会悟也说确有小船。这样，又增造了一只小船，现在通行说法，小船是为船家渡客和买菜、采办物资用的。

◎ 当年的无锡造船工匠在做红船模型

1959年7月1日，纪念船在嘉兴造船厂仿制完成。国庆10周年南湖革命纪念馆在湖心岛烟雨楼开馆，精心制作的纪念船在烟雨楼前下水，正式向世人展出。从此，南湖红船声名远扬，成了中国革命翻天覆地的见证，它成了珍贵的革命文物。

笔者访问已80高龄的董熙楷老人，他对当年寻访和仿制红船的过程记忆犹新

为了进一步了解红船仿制的详细情况，2013年春天，笔者来到嘉兴董熙楷老人的家中，对他进行了详细的采访。

作为当年南湖革命纪念馆筹建办的成员，县委宣传部干事，81岁的董熙楷老人说起当年仿制红船的情景，思维清晰，侃侃而谈。由此，我们知道了更多的细节。

董熙楷老人说，“接受了仿制红船的任务，我们就对南湖游船的历史展开社会调查。我和郭竹林部长奔走于大街小巷，寻遗老，访艄公，召开各类座谈会，一定要弄清当年开会的船到底是何种模样。”

董熙楷与郭竹林走访了新中国成立前游南湖的几位常客。据他们回忆：1921年前后，南湖的船有三四十艘之多，分为四种：摆渡船，专供游客摆渡之用；小游船，只限坐两至三人；账船，是有钱人私用的，不出租；丝网船，是供包租的专业游船，船大舱多，船中雕饰精美，当时有钱人游南湖就用这种船。因此，一大代表开会租用的只能是这种丝网船。

为此，他们对丝网船的来龙去脉进行专项调查，又去走访老艄公和旧时代游南湖的常客。得知当年这种游船大一点的船长十多米、宽

◎ “渔樵耕读”屏之一：渔

◎ “渔樵耕读”屏之二：樵

三米以上，内设前舱、中舱、房舱、后舱，从船首通向船尾的过道只有一条的，叫单夹弄，左右各有一条过道的，叫双夹弄。船身用料考究，船中雕刻精致美观。这种船，又叫灯船，来源于无锡，原本适于游太湖之用。

他们又立刻奔赴无锡。无锡市委宣传部高度重视，大力支持。无锡交通工具合作工厂（无锡红旗造船厂的前身）从厂长到车间老师傅，一听是为筹建南湖中共一大纪念船之事，非常热情。几位有经验的老师傅纷纷回忆起当年的船型：丝网船船型大，做工精巧，结构考究；船内楹梁、檐柱、炕榻、气楼、屏门等处雕刻一般有“八仙过海”、“二十四孝”、“渔樵耕读”、“忠孝节义”等内容；匾联有“天水一色”、“直上青云，唯一竞渡”、“四海往来，五河相送”等字样。这种船一般是冬天回无锡，夏天到南湖，也有常年在嘉兴的。大型的丝网船在嘉兴没有几艘。无锡交通工具合作工厂还特意制造了一只双夹弄丝网船模型，交给他们带回。

1959年3月上旬的一天，组织上决定由董熙楷携带这只丝网船模型进京，和郭部长一起将它呈交给党中央，由毛泽东、董必武同志审定。他携带丝网船模型下车时，早几天到北京的郭部长已在车站等候。他们乘车前往中央办公厅招待所。中央办公厅的同志对他们热情接待，同时对他们说明：毛主席去西南视察，董必武同志去西北视察，要见毛主席、董老须等到20天以后。他们介绍先去王会悟处访问，她是一大的保卫人员。

◎“渔樵耕读”屏之三：耕

◎“渔樵耕读”屏之四：读

第二天，在中央革命博物馆一位秘书陪同下，董熙楷和郭竹林携带丝网船模型走访了王会悟。她见到故乡来人，格外兴奋。董熙楷将丝网船模型放在客厅的方桌上，郭部长介绍来意。当王会悟听到嘉兴要筹建一大南湖会址，专程送来丝网船模型请求审定时，老人的目光霎时投向丝网船模型。她站起身来走近船模，用手摸摸，仔细观察，回忆说：“这只船的模型，同当时一大代表开会的那艘船的样子倒是很像的。但就是太大了点，实际上还要小点。”据王会悟回忆，当时开会用的应该就是单夹弄丝网船。

他们回到招待所商量了一下：任务重，时间紧，在京不能久等；其他有关一大还需弄清的问题可用书面的形式向党中央、毛泽东报告。这样，他们就随即动身返回嘉兴，请嘉兴造船厂做了一只单夹弄丝网船的模型，寄往北京，呈送党中央审定。

出乎意料，他们在京写的那份报告竟呈送到了毛泽东手里。毛泽东还作了批示，大意是：我南征北战，记忆不清了，请董老过问此事。

关于毛泽东的批示，曾有人提出质疑。因为至今没有看到过批示文件。有人曾问过郭竹林，郭竹林说记不起来了。但这次笔者问董熙楷老人，此事究竟是真是假。董熙楷说，这事肯定是真的。虽然没有文件，但

◎ 作者采访董熙楷老人

毛主席的这几句话确实是上级传达下来的。这个印象是很深的，不会忘记，也不敢乱造的。

董必武看了他们寄呈的第二只丝网船模型后也作了答复：船就是这样，但大船后面还有一只小船，是保卫人员坐的，万一发生情况，也可以用于撤退。之后他们又询问了王会悟，她也说确有一只小船。这样，又增造了一只小船模型。

船的模型是确定了，不过还只是外观。内舱大体上虽能仿造，但具体的花纹、花格、匾上的字样等内部装饰又是如何呢？他们再次进行了深入调查。有人告诉我们：平湖有户渔民，家里藏有从破船上拆下的花格、花纹、门窗和匾额。他们立刻赶去，说明来意。渔民让他们尽心观察、挑选，还详细介绍各种花格、花纹的特色和时代特征。收购了这些花格、花纹和匾额，再去无锡交通工具合作工厂找资料核实。几经反复，去伪存真，终于核准了当年中共一大南湖会议船内外结构、形态的确切模样。

造船的任务交给了嘉兴造船厂，由萧海根工段长负责。船厂接到制造纪念船的任务后，从书记、厂长到车间工人，个个精神振奋，义不容辞。他们立即研究实施方案，组织能工巧匠，迅即动手，精心制作。

造这艘船需用优质杉木、高质桐油、金粉等重要而又紧缺的材料，由省物资部门全部解决。当时桐油很紧张，省里立即从桐庐调拨来高质量的桐油。从省到地、县物资部门都大开方便之门，要什么材料，全部满足需求。这给造船工作顺利进行提供了物资保证。

制造纪念船的各项准备工作落实之后，各方面都有序地开始工作。郭竹林部长和董熙楷常到船厂检查督促，了解情况，发现问题，及时解决，务使造船工作顺利进行。无锡交通工具合作工厂还专门派了三位有经验的老师傅温和尚、温炳奎、徐步皋前来作技术指导，直到纪念船完工，他们共在嘉兴工作了一个多月。

随着工作量的增大，又从嘉兴师范学校借用美术老师陆松安，具体负责与船厂联系，抓质量和进度；从新华书店抽调了一位副经理孙毅，具体负责物资采购工作；从嘉兴第一医院抽了一位总务主任申屠，具体负责后勤工作；收支财务管理由文教局会计张乃辉负责。

仿制中共一大南湖会议纪念船及一只拖艄小船的工作，均按质按期于1959年7月1日完工，1959年10月1日下水，停泊在湖心岛烟雨楼东

◎ 船尾锅灶

南岸水面展出，向人民生动地展现中国共产党诞生的历史场景。

1964年，董必武同志来南湖视察，在仔细审察了纪念船的内外构造形态后说：“这只船，我回忆是造得对的，造得成功的。”

◎ 南湖红船模型制作小组全体人员

造船工人萧海根一生最自豪的事，就是亲手打造了这艘举世瞩目的红船

2013年9月16日的下午，笔者请79岁的萧海根来到了南湖红船上，请他谈54年前他造这艘船的情况。经过半天的采访，了解到了大量当年造船的细节，经过我与《南湖晚报》记者于能先生所写《“红船是我最大的财富”》一文比较，发现于能先生的文章扎实而丰富，故在征得他同意后，将其采访记录录之如下：

◎ 萧海根向笔者介绍当年造船的情况

萧海根浓眉大眼，嗓门洪亮，腰板笔挺，他心情激动地来到红船旁，指着船头可以系缆绳的两个木桩，对我说道："这两个上圆下方的叫荷花桩，我记得，它是用银杏树做的！"这位当年造船时担任工段长的老工人，来到红船的船头上，俯身探视船舱里的摆设，每一个都让他倍感亲切。回首当年造红船那热火朝天的日子，再次回访红船的他，心中生出无限感慨。

当年作为造船厂造船车间的工段长，年轻的萧海根心中激动万分，为能参加建造红船而自豪，"船厂接到任务后，我们个个精神振奋，立即组织实施，要精心制作好红船，为党添光彩。"

虽然红船的样式，上级已经确定了。但真要开工实施起来，还是遇到不少困难。1921年前后，南湖游船有许多种，比如摆渡船、小游船、丝网船等，而一大代表当初包租的就是雕饰精美的丝网船。那么，丝网船到底是怎么构造的？当年南湖游船的制作船匠，大多是从无锡来的，所以1959年仿造的时候，嘉兴方面还请了徐步皋等无锡造船业的能工巧匠来嘉兴指导，"还有现在是上海交大教授的辛元欧，他也来到嘉兴。他是无锡人，父亲辛一心是中国著名造船学家。"萧海根的两个姐夫季发高、崔锦凤还担任了造红船的"把作师傅"，"他们都是我父亲的徒弟，季发高还曾大修过老早的丝网船，所以对造红船自然不在话下。"嘉兴话里，把作师傅即指领头干活的技术员，"当初施工不像现在首先要设计图纸，造木头船，全凭把作师傅肚子里的一本账。可以说如何造，全是把作师傅的运用之妙。”

萧海根出身于嘉兴的造船世家，父亲萧福连在抗战前就在嘉兴从事造船业。日寇入侵嘉兴后，萧家在嘉禾桥边上开的船厂、家中房子全被毁坏殆尽，家道也从此中落。一直到新中国成立后，才迎来了好日子，所以萧海根对党的感情真是没话说。

红船是在1959年3月左右开造的，24岁的萧海根负责锯木头、刨料、出料等工作：“我的两个姐夫、童竹馀、尤小友、徐玉林，还有我，当时负责红船船体制作的一共就这么六七个人。”精心制作红船时，施工方面碰到的最大困难是材料。因为红船的纪念意义，整个用料要求比较高。萧海根回忆：“整只船的横梁、吊底、戤旁、船底用的都是杉木，但不是普通杉木，我们没有选用杭州杉木，因为那个年份短，材质松，而是挑选了西木(广西产杉木)，年份久，木质细、紧，当时是通过嘉兴木材公司去搞来的。”

水乡的船，横梁等处一般用的是青榉，但红船横梁等处用的则是香樟、黄榉、榆木，香樟还选用了江西产的优质香樟。红船用料讲究从后舱的榻也可见一斑：绷榻用的黄藤是从越南买来的。

船上的横梁等毛坯出了后，雕花匠再拿去雕传统图案，萧海根说，这些花纹图案都是请塘汇太平桥附近的师傅，还有吴江芦墟那边的雕花匠专门雕的。

红船上金碧辉煌的雕饰，总共用了五两半黄金，“但不是用金粉涂的，而是用金箔敷上去的。”萧海根对此记忆犹新，“我们做好横梁，榫头等都弄好，再拿下来，让雕花匠去雕图案，油漆匠敷上金箔，再稳妥地安放到船上。”

上世纪50年代，生产技术还不像现在这般先进，许多还停留在比较原始的阶段。当初也没有锯板机、刨板机，造红船时，就只能完全靠两个人，一上一下地手工锯木料，手工刨板。还有一个从没遇到过的困难，那就是为了保证红船的坚固耐久，油漆是一道关口。当时用的是紫光漆，必须在25摄氏度的“恒温”中进行，“当时哪里有空调，但又必须恒温，怎么办？我们就想土办法，搞了十来只煤球炉，上头架钢锅烧水，这是为了湿度，同时保持温度不能大进大出，为了不让油漆裂开，反反复复漆了六七遍不止。”

“下定决心，不怕牺牲，排除万难，去争取胜利”，就这样，造船工人每天做到凌晨两三点钟，“造船时，我们都没有空的，整日整夜地做，轮班，当时都是自觉的。”靠着这股心向红船的干劲，红船终于在1959年的国庆前夕保质保量地胜利完工。

“红船造好后，要划到湖心岛去，但是因为船的体量大，东门那边的铁路洋桥过不去于是我们把凡是能拆的配件全部拆下来，再运到湖心岛上，一样一样地装起来。”最早，建好后的红船停在湖心岛清晖堂前，后来又移到了如今位于岛的东南方这个位置。红船造好后，后来还为上海、广州、湖南等纪念馆造了几只纪念船的模型，其中，上海“一大”纪念馆的那只还是萧海根亲自护送去的。

“这个盂是用香樟树根雕出来的，再用紫光漆漆过。为什么要用木头？因为船晃来晃去，瓷器容易碎。你问我怎么知道？这只船是我原经手，不是原经手，怎么讲得出？”还有船上的明楼为什么要那样做；船上的洋油灯，是访了很长时间才在上海找到的；船上的踏子是用竹子编的……关于红船的细节，萧海根有太多的故事要讲，也凝聚了太多的深情。

在建党九十周年的日子里，萧海根还写了一首《红船颂》的诗，把红船制作的细节都写进去了：

十年国庆造红舟，记忆犹新在心头。能工巧匠来聚会，精湛技艺显身手。渔樵耕读中堂立，梅兰竹菊绘后方。客舱竖有盘龙柱，房舱内设黄藤床。船尾两支琵琶橹，船首左右荷花桩。横梁雕有送皇嫂，还有古城斩蔡阳。上有明楼阳光照，下有木盂香樟雕。精雕细琢敷金箔，千秋万代不变样。革命圣火红船点，星火燎原新山河。改革开放三十载，国富民强喜洋洋。九十华诞齐歌颂，普天同庆万代扬。

13位党的一大代表中，董必武作为唯一的一位代表重又登上南湖船头时，已43年过去，“换了人间”

在一大代表中，董必武也许是与南湖最有缘的一位。他与南湖四次结缘，并写了不少脍炙人口的诗篇。

如果说那位35岁的前清秀才于1921年第一次踏上船板，找寻到他为之奋斗一生的信仰，那么，无论是审核红船复原方案，还是为南湖题写楹联，抑或是写下《清明节车过嘉兴烟雨楼》，在他一生中对南湖的反复吟咏，不仅是对那段开天辟地往事的追忆，更是对他共产主义信仰的反复印证。

1886年3月5日，董必武出身于湖北黄安(今红安)县城一个清贫的知识分子家庭，为清末秀才。1903年，董必武毅然抛弃封建功名，转向新学。1905年，开始接受资产阶级民主革命思想。1911年辛亥革命爆发后,他赶赴武昌投奔军政府任秘书官,担任过同盟会湖北支部评议员、军政府总务科长等职。1913年,反袁世凯的“二次革命”失败后,董必武流亡东京,入日本大学读法律。当时孙中山建立的中华革命党只有几百人,董必武加入其中。1915年,董必武潜回原籍组织反袁起义被捕,袁世凯死后出狱,回日本完成学业。留学期间,董必武接触到马克思主义书

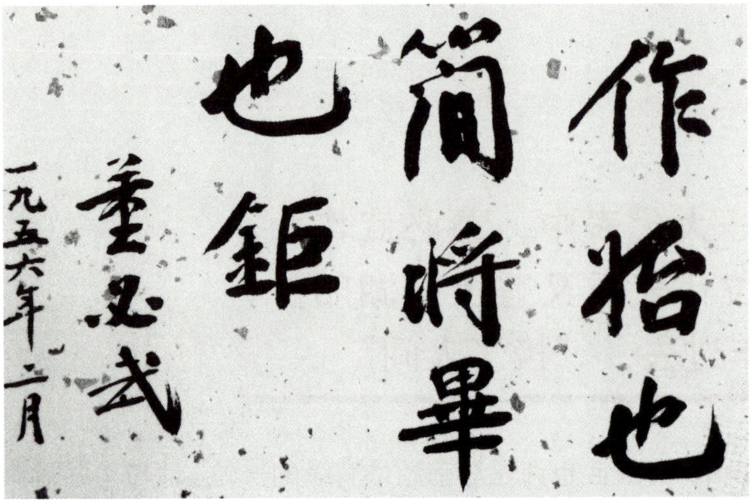

◎ 1956年的大年初一，董必武来到35年前召开中共一大会议的旧址参观并题词。“作始也简，将毕也巨”，引自《庄子》内篇《人世间》，意指有些事开始时随极微小，但后来会不断发展壮大。董老引用这句话是为了说明革命的新生事物从小到大的哲理，深刻表达了中国共产党发展壮大的必然趋势。

籍。在十月革命和五四运动影响下，董必武开始接受马克思主义。通过对中国旧民主主义革命失败教训的总结和对俄中两国革命成败原因的比较，他深切认识到中国革命“必须走列宁的道路”。由此，他实现了由民主主义者到共产主义者的重大转变，马克思主义最终成为他一生不变的信仰。1920年，他在湖北创建共产党早期组织，跨入中国第一批共产主义者的行列。

1921年，他参加中共一大会议到过南湖以后，与南湖的情缘就一直延续他终生。从史料上看，有过数次记录他对南湖的情愫。一次是1929年在莫斯科列宁大学学习时，写信给在莫斯科大学学习的何叔衡，仔细地回忆了一大的情况。另一次是党中央经过长征进入延安，终于迎来相对稳定的环境。1938年春天，为进一步扩大党的影响并凝聚全党,毛泽东经过与几位中央领导同志商讨,决定组织建党纪念日活动。

一天,毛泽东问董必武:“你记得一大是哪天召开的吗?”

“只记得是在7月,至于哪一天,则记不得了。”董必武答。

由于无法确定具体日子,党中央决定取7月1日为建党纪念日。在1938年5月召开的抗日战争研究会上的一篇讲稿中,毛泽东首次提出:“7月1日,是中国共产党建立17周年的纪念日。”1941年6月,中共中央发出《关于中国共产党诞生二十周年抗战四周年纪念指示》,提及“今年七一是中共产生的二十周年”。这是以中共中央名义作出的把“七一”作为党的生日进行纪念的第一个文件。从此,“七一”就作为党的生日固定下来。

1959年3月,嘉兴南湖革命纪念馆为了仿制当年一大开会坐过的船,筹建纪念馆的办公室主任郭竹林向董必武征求关于船的几个问题,他从外地回来后,专门作了详细的书面回答。由于他的指导,红船才得以符合历史真实地重现南湖。

◎ 董必武夫妇在红船上

1964年4月5日，时任国家副主席的董必武同志重访南湖。烟雨迷蒙中，他登上红船，时年78岁的老人神采奕奕、步履稳健地登上了纪念船，从船头走进船舱，后到船尾，进行了仔细的审视，赞许肯定纪念船仿制得是成功的。中午用餐后，董老挥毫留墨：

革命声传画舫中，
诞生共党庆工农。
重来正值清明节，
烟雨迷濛访旧踪。

这首诗，对中国共产党在风云激荡中诞生、成长并领导中国人民取得伟大革命胜利充满了怀念之情。

◎ 1964年4月5日董必武视察南湖，并为纪念馆题诗

同一天，董必武同志还为南湖革命纪念馆烟雨楼题写了一副对联：

烟雨楼台　革命萌生　此间曾著星星火

风云世界　逢春蛰起　到处皆闻殷殷雷

上联“烟雨楼台”点明时间、地点，既实写了烟雨楼宜人景色，又暗写当年长夜难明的政治形势。“革命萌生”比喻党的一大的召开。多少年前，这艘游船承载着十多位血气方刚的有志男儿，酝酿完成了中国历史上开天辟地的大事件。“星星火”，源于毛泽东曾用以形容革命形势发展的星火燎原之语，用来评价党的一大的巨大历史影响，十分恰当。

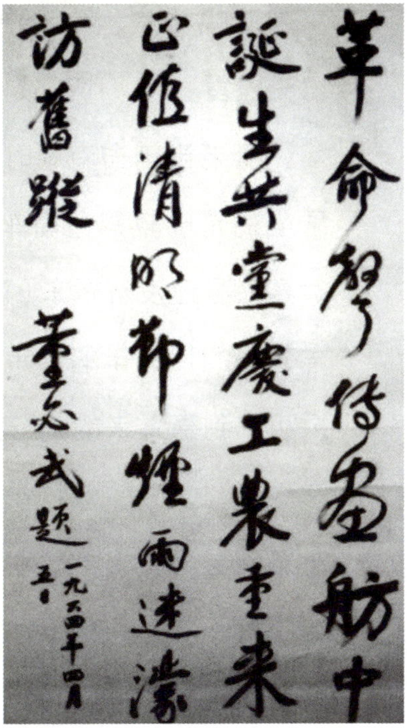

◎ 1964年4月5日董必武视察南湖为纪念馆题诗

下联“风云世界”与“烟雨楼台”字面对仗，但着眼点已变，由南湖一地推及全国，推及全球，写出“风云巨变”的大好形势。“逢春蛰起”与“革命萌生”对仗，形象鲜明地描绘出革命蓬勃发展。“到处皆闻殷殷雷”，比喻自从中国共产党诞生，中国大地风起云涌，电闪雷鸣，波澜壮阔，天翻地覆。

此幅楹联，突出了中国共产党诞生的重大意义：从“星星火”到“殷殷雷”，这一切都是从这艘普通的游船开始的。

董老当年去南湖时，据嘉兴担任保卫工作的丁聿回忆，董副主席乘坐的是一辆黑色轿车，这辆轿车比较宽畅，看上去避震器很好，当时嘉兴县还没有轿车（嘉兴地委设在湖州），县委只有一辆由俞明德同志驾驶的1937年的雪弗兰两厢老式汽车。丁聿说：“董副主席是从杭州乘火车到嘉兴来的，当时杭州到嘉兴的唯一一条公路是从杭州经过海宁，再经过乍浦平湖，再到嘉兴，这条公路不但路窄，而且路况较差，当时董副主席已78岁高龄，所以乘火车来的。”丁聿还记得，“省里有三辆专门用于接送党和国家领导人的防弹高级轿车，那天在嘉兴接送董副主席的轿车，是省里专门放来的。”

同年5月19日郭沫若巡视南湖，也题诗一首。

1964年8月21日，董必武在京汉线的列车中，又一次回忆起中国共产党第一次全国代表大会，回忆起出席一大的代表王尽美与邓恩铭，写下《忆王尽美同志》：

四十年前会上逢，
南湖泛舟语从容。
济南名士知多少，
君与恩铭不老松。

诗中“君与恩铭”系指出席一大的济南代表王尽美与邓恩铭。他们都是年轻的共产党人。王尽美1898年生，病逝于1925年，年仅27岁；邓恩铭1901年生，1931年英勇就义，牺牲时年仅30岁。董必武的这首诗，朴实无华，表达了对革命先烈深深的怀念之情。句首“四十年前会上逢，南湖泛舟语从容”，回忆了与王尽美、邓恩铭等一起参加中共一大，在南湖游船上讨论的情况。40年过去，王尽美与邓恩铭的音容笑貌仍然深深铭刻在记忆的深处。

随着红船的成功仿制，嘉兴南湖从此成为了全国人民向往的圣地，南湖革命纪念馆的建设也随着时代的发展而不断谱写新的篇章

随着红船的仿制成功并展出，嘉兴南湖从此成为了全国人民向往的圣地。为了更好地向人民群众介绍党的一大，满足越来越多的参观群众的需要，南湖革命纪念馆的建设经历了1959年、1991年、2011年三个发展阶段。

1959年，是新中国成立以后的第一个重大节日——国庆十周年。在这个节日即将到来之际，全国人民对中国共产党的诞生地南湖投来了更多关注的目光。

1958年夏，嘉兴地委给嘉兴县委发出了“筹建南湖革命纪念馆”的指示。嘉兴县委即在寻找和仿制红船的同时，在南湖烟雨楼东配房开辟了三间房子的陈列室，陈列了党的一大、二大、三大的部分图片、照片和资料，但当时没有对外开放。

1959年6月6日，嘉兴县委宣传部作出《关于南湖革命纪念馆筹建的规划报告》，初步决定在当年国庆前完成仿造一大在南湖开会时的画舫的同时，新建“革命历史文物陈列室”，陈列一大至八大有关的历史

图片、资料、文物等，建造面积约550—600平方米。同时还包括了烟雨楼的修缮和南湖的环境绿化等工作。

6月12日，嘉兴县委根据地委“积极筹备好‘南湖革命纪念馆’并保证国庆节前开放”的指示，正式成立“南湖革命纪念馆筹建委员会”。

6月20日，嘉兴县人民委员会向省人民委员会上报《关于筹建南湖革命纪念馆申请调拨经费物资的报告》，提出修建和修缮的费用经初步估算需120676元，除文化部文物管理局拨款3万元外，其余经费和物资报请省人委统筹安排。7月3日，嘉兴县委向省委上报《关于南湖革命纪念馆筹建的报告》，希望根据增产节约原则进行安排，准予将筹建南湖革命纪念馆列入计划，并批准设计任务书。7月8日，浙江省人

◎ 1959年南湖革命纪念馆设在烟雨楼上

民委员会作出批复，指出，根据中央“缩短战线、集中力量、保证重点”的精神，并考虑到本省基本建设投资和建筑材料供应的实际情况，决定暂行缓建南湖革命纪念馆。7月10日，嘉兴县委向省委作了《关于南湖革命纪念馆等筹建问题第二次报告》，指出，嘉兴县委根据省人委的指示精神作了研究，认为南湖革命纪念馆陈列室部分可暂行缓建，但地委指示筹建南湖革命纪念馆后，嘉兴县委已经做了大量的准备工作。报告提出南湖革命纪念馆非一般性的建筑工程，考虑到国家资金和物资方面的困难，可以分期修建，陈列室部分经费请列入当年第四季度或者第二年第二季度之外，当年国庆节前要争取完成仿制的船下水，烟雨楼进行必要的修建和湖滨进行必要的绿化。省委批准了这个报告。

1959年10月1日，南湖革命纪念馆在烟雨楼正式成立，对外开放，陈列展出仿制的纪念船和中共一大史料。

从此，南湖革命纪念馆在南湖烟雨楼为观众服务了32年，迎接了数以千万计的参观者。

时间进入了改革开放后的1990年。随着新时期改革开放的深入发展，随着建党70周年的临近，人民群众对党的感情也越来越深厚，对红船的感情也越来越强烈。在一次嘉兴市政协的会议上，有五名政协委员联名提议，鉴于南湖革命纪念馆在全国人民心目中的影响越来越大，要求扩大重建新馆。他们的提议引起了社会上的强烈共鸣，接着有15个单位联合发出《关于开展集资兴建南湖革命纪念馆的联合倡议书》，嘉兴市委根据广大群众的意愿，把重建纪念馆的活动进一步引向深入，开展了全社会参与的“我为南湖争光辉”的活动。

1990年7月3日，嘉兴市计划委员会向省计经委提出书面报告，要求集资兴建南湖革命纪念馆，7月9日获批准。9月30日，纪念馆奠基典礼在南湖渡口旁举行。10月15日下午，工程正式动工。嘉兴市建筑安装工程公司作为纪念馆的施工单位，提出了“我为南湖添砖加瓦，南湖为我增色生辉”的口号，向市委、市政府写了《决心书》，保证在249天里完成国家定额工期487天的工程量。嘉兴市各部门、各单位也都齐心协力，为建馆提供方便。驻嘉部队官兵、公安干警、干部、工人、学生纷纷到纪念馆工地参加义务劳动，累计达4000余人次。1991年1月29日凌晨，纪念馆主体结构封顶；3月31日完成内外装饰；5月20日主楼竣工并交付使用；6月20日，纪念馆全面竣工并通过验收。纪念馆占地总面积0.387公顷，建筑总面积1980平方米，其中纪念馆主楼建筑面积1820平方米。新馆与烟雨楼隔湖相望，从空中俯视，主体建筑呈锤头和镰刀构成的党徽图案。

1991年6月25日上午9时，浙江省庆祝中国共产党成立70周年大会暨嘉兴南湖革命纪念馆落成典礼隆重举行。中共中央政治局常委宋平出席大会，省委书记李泽民作了题为《沿着南湖红船开辟的革命航道奋勇前进》的讲话。庆祝大会结束后，部分与会人员来到新落成的纪念馆，与600多名各界代表一同参加南湖革命纪念馆落成剪彩仪式。上午10时许，宋平、李泽民、梁平波在“没有共产党就没有新中国”的乐曲声中，为纪念馆落成剪彩。

在进入21世纪以后，特别是在时任省委书记习近平同志关于“弘

◎ 1991年6月25日，南湖革命纪念馆落成典礼

◎ 1991年新建的南湖革命纪念馆

扬红船精神，走在时代前列”思想的指导下，南湖革命纪念馆的建设进入新的阶段。

2005年10月18日，南湖革命纪念馆新馆工程获得中共中央办公厅批准，10月27日，国家发改委正式批准立项，并列入2005年红色旅游重点基础设施项目国家预算内专项资金（国债）投资（第二批）计划。这是浙江省唯一获得国家资助的红色旅游景区基础设施建设重点项目。2006年12月28日，经国家开发银行总行批准，国家开发银行浙江省分行向南湖景区贷款2.5亿元，用于南湖革命纪念馆建设工程、景区配套交通工程及红色旅游配套设施建设。

在建党85周年到来之际，2006年6月28日上午，嘉兴市举行南湖革命纪念馆新馆奠基仪式。奠基仪式上，省委书记、省人大常委会主任习近平作重要讲话，嘉兴市委书记、市人大常委会主任黄坤明致辞。为了加强新馆建设，市委成立了南湖革命纪念馆新馆建设领导小组。

2007年3月5日，新馆正式开工建设。新馆坐落在市行政中心东侧、南溪路南侧、市体育中心北侧、南湖风景区停车场西侧的中心地块，占地2.73公顷，建筑面积1.98万平方米，是1991年建成的南湖革命纪念馆的10倍。新馆坐北朝南，由“一主两副”三幢建筑组成，呈“工”字形平面造型，主楼为地下一层、地上三层，建筑物高度约25米；东、西两侧副楼均为两层，建筑物高度约11米，远望如“浮在水上的船”。项目总投资18750万元。至2008年底，新馆主体工程基本完工。

与新馆主体工程建设同步进行的是新馆陈列大纲编写工作。2006年12月18日，市委书记办公会议研究确定，南湖革命纪念馆新馆陈列内容定位为：以“开天辟地——中国共产党诞生”这一历史事件为核心，以

◎ 瞻仰红船

◎ 2011年建成的南湖革命纪念馆

◎ “我为南湖争光辉”的活动影响深入千家万户。1997年，下岗职工韩鸣华，怀着对党的坚定信念，用自己的下岗费8000元，在一间破仓库里，自己研究用紫檀木、花梨木制成红船模型收藏品。2009年11月，他的红船模型被评为中国旅游品大赛金奖，被首都博物馆收藏。目前，韩鸣华制作的南湖红船模型已有20多万只销往了世界各地，让红船的影响扩展到了世界各个角落。

党的先进性建设为主题，以党的一大为重点内容，向前延伸至中国近代史、向后延伸至中国当代史。自2007年至2009年初，历时两年多时间，几易其稿，南湖革命纪念馆新馆陈列大纲基本确定。2009年9月，新馆陈列布展工作全面展开。新馆按一馆二展的思路进行布展。第一展览《开天辟地》作为中国共产党成立的专题展，主要展示中国共产党成立的背景和经过。第二展览《光辉历程》作为第一展览的延伸，主要展示党领导人民进行革命、建设、改革的艰辛历程和光辉业绩。

2011年6月30日，南湖革命纪念馆新馆正式对外开放。

从1959年的南湖湖心岛的栖居，到1991年的南湖东岸的安家，再到2011年在七一广场上的10倍于原馆面积的重建，南湖革命纪念馆翻开了崭新的篇章。（本节主要依据中共嘉兴市委党史研究室、嘉兴市档案局编:《中共嘉兴历史九十年纪事》，中共党史出版社2011年版，第131页。）

第九章

党的一大13个代表的人生轨迹及给后人的启示

13个一大代表不同的人生轨迹

13个一大代表，为中国共产党的创立，在历史上书写了辉煌的一笔。但此后，他们人生的轨迹落差巨大，给后人留下了无限感叹。

不妨让我们按照当时代表们所属的地区，一个一个来探寻他们的人生轨迹。

一、上海地区代表

李达：党的一大当选为中央局宣传主任，后脱党，专心研究和宣传马克思主义，毛泽东称赞他为“理论界的鲁迅”。解放前夕重新入党，在“文化大革命”中被迫害致死。

李达(1890—1966)，字永锡，号鹤鸣。湖南零陵岚角山镇（今属永州市冷水滩区）人。1911年，李达入北京京师优级师范学堂读书。1913年赴日求学，后因病回国。1917年再次赴日，考入日本第一高等学校（即东京帝国大学）学习，开始研究和宣传马克思主义。1918年5月参与组织中华留日学生救国团，罢课回国请愿。1919年五四运动后，在《觉悟》副刊上连续发表文章，介绍欧洲各社会主义政党的情况，并翻译《唯物史观解说》《马克思经济学说》和《社会问题总览》等著作，积极传播和宣传马克思主义。1920年李达回国，夏天在上海与陈独秀、陈望道等人共同发起建立中国共产党早期组织，并代理书记，任《共产党》月刊主编。并参加《新青年》编辑工作。

◎ 李达（1890—1966），湖南零陵人

中国共产党的一大，是由李达、李汉俊“二李”负责筹备的。李达，作为当时上海党的早期组织的“代理书记”，为党的成立作出了重要贡献，并在一大上被选为中央局三位成员之一，是中央的宣传主任，可以说是中国共产党的建党元老。

但李达是典型的学者型人物，爱坦率地表明观点，不喜欢随声附和，话不投机往往拂袖而去。他同陈独秀闹翻，进而脱党，与此不无关系。李达对陈独秀的家长制作风无法承受。在关于如何与国民党合作的问题上，两人意见不合，李达回忆道：

> 暑假时，我去到上海，会见陈独秀，谈起这个问题，他是主张党内合作的，似乎已经由他决定了。他问我的意见怎样？我回答说，我是主张党外合作的。我的理由还未说完，他便大发牛性，拍桌子，打

> 茶碗，破口大骂，好像要动武的样子，幸亏在座有一两位同志劝住了。我心里想，像这样草寇式的英雄主义者，做我党的领袖，前途一定无望。但他在当时已被一般党员尊称为“老头子”，呼“老头子”而不名。我当时即已萌发了脱党的决心。

为此，在党的二大上，李达便提出要求不再担任中国共产党中央宣传主任。但他与毛泽东非常合得来，在党的二大召开前夕，应毛泽东之邀请，到长沙的湖南自修大学讲授马克思主义理论。他看到毛泽东在湖南踏踏实实地开展工作，非常高兴，干脆把妻子王会悟及女儿也一并带到长沙，与毛泽东、杨开慧等一起，两家人家都住进了清水塘。

李达一是觉得党内注重理论研究的人太少，而自己的长处和愿望就是从事理论研究，二是党的三大决定全体共产党员都要以个人名义加入国民党，李达不愿意做国民党官员，三是受不了陈独秀的家长作风，就正式脱党了。

有记录在报纸的，是1927年9月3日汉口的《国民日报》，载有李达的声明：“鄙人脱离共产党已有四年”。

今天看来，李达脱党确实是他人生的一大憾事。但他与陈公博、周佛海的背叛是截然不同的。他脱党以后，并没有停止对马克思主义的研究。他在湖南大学主讲马克思主义社会学，1926年北伐前夕还出版了哲学专著《现代社会学》。他一直与毛泽东保持着良好的沟通与友谊，1927年3月，他受毛泽东聘请到毛泽东主办的中央农民运动讲习所任教。李达脱离政治活动，先后任上海法政学院、上海暨南大学、北平大学法商学院、国立武昌中山大学、中国大学、广西大学、中山大学、湖南大学等校教授、系主任，仍坚持研究与宣传马克思主义哲学、经济学，是国统区著名的“红色教授”，在此期间，他写出了《辩证法唯物论教程》《经济学大纲》《社会学大纲》等几部重要的理论著作。1937年在上海出版《社会学大纲》，毛泽东曾读了十遍！毛泽东盛赞他为“理论界的鲁迅”。

李达专心做他的马克思主义的研究二十几年，到了1948年，李达突然收到了毛泽东给他的一封信，是中共华南局转交过来的：

“吾兄系本公司发起人之一，现公司生意兴隆，望速来参与经营。”（见王元慎：《此身莫向沟中殒——李达与毛泽东》，《中华英烈》1988年第3期。）

从这封信可以看出，毛泽东对李达一直是当作自己人来看的。这封信的暗语含意非常，毛泽东一直挂念着这位当年为中国共产党成立而

◎ 毛泽东和李达

作出贡献的"发起人"，现在党正进入了兴旺发达的新时期，解放战争已经可以看到胜利的曙光，新中国就要诞生，要让李达一起来参与"经营"了。

李达于1949年4月16日离开长沙，从香港坐船到达天津，5月14日到达北平，毛泽东亲自派人到车站迎接，几天后，把李达接到香山的住处，称李达为"鹤鸣兄"，与他促膝长谈。

毛泽东当夜留李达在自己的床上睡觉，本人坐在桌前批阅了一夜的文件。

在故友重逢后的长谈中，李达表示要重新加入到党的行列里来。毛泽东说："你在早期传播马列主义，是起了积极作用的。以后你在国民党统治区教书，一直坚持了马列主义的理论阵地，写过很多书，做出了应有的贡献，党是了解你的。"

为此，由刘少奇做入党介绍人，毛泽东、李维汉等人作为历史证明人，李达于1949年12月重新加入中国共产党。这位离开党26年的创始人，重新又回到了党内。

李达不愿意在北京做官，他希望为新中国继续做教育工作。随后，他被任命为湖南大学校长，后又调任武汉大学校长。

李达是少有的敢与毛泽东争论的人。他与毛泽东是诤友，不为贤者讳，不为尊者隐，甚至直言批评过毛泽东。

毛泽东于1950年底发表了哲学著作《实践论》，李达很快买来认真研读，他由衷地赞叹毛泽东的哲学才华，并写出了《〈实践论〉的学习提纲》等一系列文章，在高度赞扬的同时，他认为《实践论》中的一段话对太平天国的评价有失公允。为此，他直言不讳地在信中提出。毛泽东接信后反复推敲，又找了一些近代史的研究专家共同探讨，随后亲自给李达写回信，肯定了李达的观点，答应在出选集时一定加以修改。

1958年“大跃进”高潮时，李达见到南巡的毛泽东，两位老友发生了一次激烈争执。李达痛心地指出，当时吹嘘的高指标是唯心主义的产物。在“文化大革命”前夕，李达再次指出“顶峰论”违反辩证法。

然而，真理的火炬往往烧伤那些举烛者的手。李达没有逃过“文化大革命”的劫难。林彪和康生都点了他的名。1966年8月，在批判北京“三家村”——邓拓、吴晗、廖沫沙之后，在武汉大学也挖出一个以校长李达、党委书记朱劭天、副校长何定华组成的“李达三家村”。在八月火热的骄阳下，李达被改称叫“李三”，在十几万人的批斗大会上被批判为“反党反社会主义反毛泽东思想的资产阶级代表人物”。终于在批斗大会上大小便失禁，倒在地上。1966年8月24日，“文化大革命”风暴刚开始卷来，这位建党元老便首当其冲，遭到厄运，与世长辞了。终年76岁。

毛泽东后来得知其亡故后叹息不已，1969年召开九大时还专门提起此事。

李汉俊：为建党作出重大贡献，党的三大被选为中央候补委员，后脱党，从事教学工作，1927年大革命失败后，被国民党杀害，成为烈士。

李汉俊（1890—1927），原名书诗，又名人杰，号汉俊。1890年4月出身于湖北省潜江县沱埠垸袁桥村一个清贫的知识分子家庭。少年李汉俊聪慧过人，勤于学习，并萌生了救国救民的远大志向。他6岁进私塾念书，有过目成诵的聪慧。小小年纪，就具有多方面的知识，并娴于辞令辩才。李汉俊年幼时曾听他父亲给他讲了中国历史上一次次农民起义的故事，他从中学到了许许多多的爱国历史知识。20世纪之初，中国处于风雨飘摇之中，四方列强大肆侵略，华夏大地已是“瓜剖豆分，千村寥落”。李汉俊如饥似渴地汲取新知识，了解世界发展的大趋势，萌生了拯救国家民族的念头。

他说：“我们求学是要成为有用之才，以便有朝一日为国家民族扬眉吐气而出力。”

1904年，年仅14岁的李汉俊东渡日本求学，留日期间受日本著名马克思主义经济学家河上肇的影响，开始信仰马克思主义。李汉俊通晓日、德、英、法四国语言，十分勤奋地学习马克思原著，并用以指导解决中国的实际问题，共产国际驻华代表马林说：李汉俊是中共中“最有理论修养的同志”。

1918年回国后他以饱满的热情和旺盛的精力，从事翻译和撰写工作，创办《劳动界》，他参加编辑的《新青年》、上海《星期评论》、《共产党》成为马克思主义在中国初期传播的最重要刊物，影响了包括毛泽东、刘少奇、周恩来、董必武等人在内的整整一代革命青年。

1919年9月，李汉俊就萌发了在中国建党的思想。1920年春，李汉俊参加了上海《星期评论》的编辑工作。4月，共产国际东方局维经斯基经李大钊介绍到上海与李汉俊、陈独秀举行会议，提出组建中国共产党，李、陈均表赞同。5月，李汉俊与陈独秀等发起组织了“马克思主义研究会”。8月，与陈独秀等7人发起组建了上海共产党早期组织，曾任代理书记。这是中国大地上的第一个共产党早期组织，成为中国共产党的发起组织和联络中心。1920年共输送了三十多名共青团员去苏联学习，并且是《星期评论》出资让他们去，这批人中有的后来成为中共的高级领导干部，如刘少奇、任弼时、罗亦农等。

同年12月，他成为代理书记，负责全面领导工作。李汉俊还负责帮助各地建立共产党早期组织，并担任联络工作。1920年夏他写信给董必武、张国恩，希望武汉也建立共产党早期组织。

董必武曾回忆说："1920年，李汉俊这个从日本归国的学生，我的马克思主义老师，在上海帮助建立中国共产党，并到武汉来同我商量，我决定参加，并负责筹组党的湖北支部。"

李汉俊一生中介绍了许多人加入共产党，特别是介绍了沈雁冰入党。这位新文学的巨人，与李汉俊建立了革命友谊。

"二李"的个性有点相像，都是学者气很重的性情中人。李汉俊在一大之前就与陈独秀意见不合。一大闭幕后，陈独秀从广州回到上海主持中国共产党中央局的工作，李汉俊又与陈独秀发生矛盾，他就于1922年离开上海，回到武汉，参与领导了二七大罢工。

1923年2月7日，京汉铁路总工会组织了震惊中外的二七大罢工，人们一向以为是林祥谦、施洋二人领导，实际上这两位烈士只是组织者之一。二七罢工的组织者还有李育南、陈潭秋、李汉俊。李汉俊参加京汉铁路总工会成立大会，挥笔写下"大地赤化"四个大字，献给大会。

李汉俊脱党的经过，在陕西人民出版社出版的《中国共产党党史人物传》第十一卷中，有这样的表述："我们认为此事大致经过是这样的：一九二二年李汉俊因与陈独秀、张国焘政见不一，实际上离开了党中央工作岗位，回到武汉。党的'二大'时，他向党中央写过一份意见书。从蔡和森提供的资料来看，其主要内容是反对共产党人加入国民党，主张党的组织原则采用苏维埃联邦宪法，不赞成民主集中制。陈独秀曾致电请他参加'二大'。但是他托人将意见书从河南带至大会，自己却'始终没有到会'。随后便和'玄庐、望道等退出党'。党曾做过他的工作，根据马林建议，党的'三大'在他未出席的情况下，仍选他为五名候补委员之一。一九二四年，鉴于他自动脱党，中国共产党中央便正式将其'开除'。据蔡和森回忆，当时'大部分同志认为李汉俊等退党是陈独秀同志的专横，使李汉俊等消极'。同时，他的被开除与张国焘的打击也不无关系。"

李汉俊脱党后，曾在武昌高等师范、武汉大学教书。

在北伐军占领武汉之后，李汉俊任国民党湖北省党部委员、湖北省政府委员兼教育厅厅长、青年部部长。李汉俊、詹大悲二人在《新华日报》《楚光日报》上多次揭露蒋介石的可耻叛变行为。

1927年12月16日的《顺天时报》发表了这样的言论："湖北政权由'左'倾分子李书城及亲共分子李汉俊、詹大悲所主持。"

在风声日紧的情况下，李汉俊的哥哥李书城曾劝李汉俊去日本避一下。但李汉俊并不在意，他料不到会对他痛下狠手。这时，他的妻子陈静珠正有孕在身，所以他不想离开武汉，只是躲到了日本租界里，以为这样就安全了。可是，让他想不到的是日本人根本不会保护他。

1927年12月17日，国民党桂系军阀、武汉卫戍司令胡宗铎便下令缉拿李氏兄弟。

这天下午五时左右，李汉俊在汉口日租界中街（今胜利路上段）四十二号与詹大悲在下棋。

突然，几个便衣密探在日本巡捕的陪同下，出现在李汉俊面前。他们不由分说，押着李汉俊与詹大悲就走。妻子陈静珠哭喊求救，李汉俊平静地安慰妻子，但他心里明白，这次凶多吉少。

陈静珠马上去向李书城救助。李书城作为同盟会的元老，此时也处于危险时刻而与另一位同盟会元老孔庚躲在一家旅馆里。

李书城马上出去奔走，他请时任西路军总指挥的程潜营救。程潜打电话接不通，又派他的秘书赶往汉口济生三马路(今汉口单洞口门内)，可岗哨林立不让进。

正在各方都在想办法营救李汉俊时，国民党桂系军阀、武汉卫戍司令胡宗铎在得知李汉俊、詹大悲已抓到后，便下令立即枪决。

从被捕到被枪决，只有短短的四小时！没有一次审讯，不留一点余地，可见敌人的穷凶极恶。

1927年12月17日晚，他在被押到汉口空场里，面对国民党行刑队黑洞洞的枪口时，他向着夜空，愤怒而悲怆地大声喊道："胡宗铎的手段真辣啊！"（见叶永烈：《红色的起点》，广西人民出版社2005年版，第291页。）

李汉俊虽然当时已经脱党，但敌人还是把他当作共党分子杀害了，时年37岁。

但是，李汉俊的儿子李声簧，李书城的儿子李声华、李声宏都成为了中国共产党党员。

党和人民没有忘记这位一大元老。1952年8月，中央人民政府内务部向李汉俊家属颁发了由毛泽东签发的烈士证书："李汉俊同志在大革命中光荣牺牲，丰功伟绩永垂不朽！"

二、北京地区代表

张国焘：从五四运动时北京学生联合会主席，到一大当选为中央局组织主任，起点非常高。但被捕后叛变自首，长征中自立"中央"，后又再次背叛革命，成为国民党军统特务，被开除党籍。最后病死多伦多。

◎ 张国焘

张国焘（1897—1979），字恺荫，又名特立。俄文名字为阿莫索夫。张国焘的一生可以说是大起大落，纵横捭阖，终于因自身的原因，落得个众叛亲离，最后，客死异乡，病死在加拿大多伦多的老人病院里。

1897年11月14日（农历十月二十日）出生在今江西省萍乡市（旧时称县）上栗县金山乡山明村。童年时代在他父亲的好友廖石溪先生所办的私塾里与十几个孩子读诗书。1908年，张国焘来到萍乡县县立小学读书。1912年，张国焘来到由萍乡县县立小学改成的县立中学继续学习。1914年，张国焘因为替“违纪”的同学辩护，受到舍监要开除他学籍的威胁，便离开萍乡中学，到南昌心远中学就读。心远中学是由著名教育家熊育锡创办的一所学校。学校主张崇尚科学，反对守旧；注重西学，反对八股。正是从这个时候起，张国焘“越过了攻读经书的范围，开始来敲近代知识的大门”。

1916年，考入北京大学，为理工预科一年级第三班的学生。

1919年五四运动中表现积极，是五四运动学生领袖人物之一，被推为北京学生联合会讲演部部长，并经常深入工人群体进行演说。此后一段时间积极筹备长辛店工人补习学校，为以后的工人运动打好了基础。

他参加一大时年仅24岁，就当选为中央局组织主任，会后又担任了中国劳动组合书记部主任，他的政治生涯的起点非常高。

1922年二大时，他当选为中央委员兼组织部长。此时，他的个人私欲逐步显露出来，在党内组织小集团，受到中央的严厉批评。同时，由于他激烈地反对马林关于国共合作的路线，在三大会议上落选了。

看到形势不妙，他又转而赞成加入国民党。1924年在国民党一大上当选为候补中央执行委员。

就在他当上国民党候补中央执行委员后，1924年5月31日，张国焘在北京落入北洋军阀警察的手中。

《历史档案》1982年第1期中《北洋政府京师警察厅呈报拘捕张国焘文》有这样的记载：

“在腊库十六号杏坛学社内，查获张国焘同一女子杨子烈奸宿，当场搜出中国共产党第三次全国大会决议宣言，并信函多件。”

张国焘经受不住严刑拷打，最后出卖了他的老师李大钊及一大批共产党员。证据记录在1924年5月30日《京畿卫戍总司令部咨请转令严拿共产党李大钊等归案讯办文》中：

案据京师警察厅解送拿获共产党人张国焘等一案，业将审讯情形函达在案。兹经派员将张国焘提讯明确，据称：伊等以私组工党为名，实行共产主义。陈独秀为南方首领，有谭铭[平]三[山]等辅助进行；北方则李大钊为首领，伊与张昆弟等辅助进行。北方党员甚多，大半皆系教员学生之类，一时记忆不清。时常商量党务，男党员有黄日葵、范体仁、李俊、高静宇、刘仁静、方洪杰等，女党员有陈佩兰、缪佩英等。查李大钊允膺北京大学教员，风范所关，宜如何束身自爱，乃竟提倡共产主义，意图紊乱国宪，殊属胆玩不法。除张国焘等先行呈明大总统分别依法判决外，其逸犯李大钊等相应咨行贵部查照，转令严速查拿，务获归案讯办，以维治案，而遏乱萌。

张国焘的叛变，给党造成了重大损失。李大钊听到风声要抓捕他，立即从北京躲到老家河北乐亭，警察追到乐亭，党中央及时又把他转移，并让他到莫斯科参加共产国际五大会议。这一次，李大钊终于逃脱了北洋政府的追捕。但后来还是落入敌人手中，英勇牺牲。另有张国焘供出的范体仁等共产党员遭到逮捕。

张国焘对自己出卖同志和师长的事讳莫如深，党组织也一时没有发觉。直到全国解放以后，这些档案被发现，才知道张国焘早在1924年就成了叛徒。

1924年10月，冯玉祥发动北京政变，曹锟政府垮台，中国共产党组织积极营救被捕人员，张国焘获救。

张国焘出狱后，在中国共产党四大上，当选为中央执行委员兼工农部主任。1927年，在中国共产党五大上，当选为中央政治局常委兼组织部长。1928年，在莫斯科举行的中国共产党六大上，当选为中央政治局委员。会后，担任中国共产党驻共产国际代表团副团长，留驻苏联，直到1931年1月才回到上海。

◎ 毛泽东与张国焘在延安

1931年4月，张国焘担任鄂豫皖中央局书记兼军委主席，进入了鄂豫皖革命根据地。

1935年，中央红军在毛泽东、周恩来率领下长征到达四川懋功，与张国焘所率红四方面军会师。这时，张国焘的个人野心毛病又犯了。当时中央红军不到一万人，他手下有八万人之多，他自恃兵多枪多，向党伸手要官要地位。中共中央为了统一指挥两大方面军作战，召开了著名的两河口会议，会议决定由张国焘任红军总政委、中革军委副主席。

但张国焘反对中央关于红军北上建立川陕甘苏区根据地的决定，进行分裂党和红军的活动，10月率部南下川康，在卓木碉宣布另立“中央”，并通缉毛泽东、张闻天、周恩来等人。

中央红军在延安建立并巩固了根据地之后，南下期间损兵折将的张国焘被共产国际命令取消其“第二中央”，张被迫带领红四方面军和任弼时领导的红二方面军一同北上。

1936年10月在甘肃静宁县将台堡（今属宁夏）与红一方面军会师。

张国焘到陕北后，不得不向党中央表示认错。他在《我的错误》的检讨中写道：“我的错误是整个路线的错误，是右倾机会主义的退却路线和军阀主义最坏的表现，是反党反中央的错误，这错误路线不仅在各方面表现它的恶果，使中国革命受到损失，而且造成极大罪恶，客观上帮助了反革命。”

他的这种所谓的认错，其实是口是心非的。他眼看自己的野心无法实现，就想着办法叛变投敌。于是机会就来了，1938年4月3日清明节前夕，第二次国共合作的时期，国共两党公祭黄帝陵。张国焘借着他担任的陕甘宁边区政府代主席的身份，参加了在国民党统治区陕西黄陵县城北桥山举行的祭扫活动。等祭扫一结束，他就钻进了国民党西北行营主任蒋鼎文的轿车，逃到国民党那里。

10天后，4月14日，周恩来找到住在武汉大华饭店的张国焘，接他到八路军办事处住，并劝他回延安。

张国焘说："我与毛泽东、王明不能志同道合。"

张国焘选择了周恩来提出的三个办法中的第三个办法："自动声明脱离党，党宣布开除你的党籍。"

这时，张国焘还去见了在武汉的陈独秀，想拉陈独秀一起再建一个党。陈独秀刚从国民党的监狱里出来，问道："你不是一直干得很好吗？"

张国焘唉声叹气，把长征途中另立"中央"的事说了一遍。"现在王明来了，我的日子更不好过，像软禁一样。"

陈独秀问："今后怎么办？"

张国焘说："我去见了蒋介石，只好说兄弟在外糊涂多时了。"又说："走老蒋这条路，是没有办法的办法，如有别的路走，我当然要走别的路。"

张国焘所说的别的路，是想与陈独秀一起重建第三党。

陈独秀说："成立一个党不是容易事，我们当时费了那么大的劲，现在看来，一个阶级只能有一个党，我们再搞，能搞得比毛泽东现在搞的要好？"（见陈利明：《陈独秀传》，团结出版社2011年版，第430页。）

陈独秀虽然已经被开除出党，他时此已经看了中国共产党在毛泽东领导下走的道路是正确的。但张国焘还是投向了国民党，成为"军统"特务的一员。

让他怎么也想不到的是，在他投敌叛变仅仅过了十年时间，到了1948年，中国共产党全面崛起，国民党全线败退。这年冬天，他举家迁往台湾。在台湾他又如丧家之犬，备受冷落，又迁往香港。他生活无着，只能靠办杂志维持生活。

作为一个从中国共产党的一大到六大全部都参加了的人，可能是绝无仅有的。这一点被研究中国共产党历史的美国的教授们看到了。1961年，美国堪萨斯大学约他写回忆录。张国焘一家的生活费有了着落。张国焘用几年时间写下了百万字的《我的回忆》。

但是这笔稿酬也很快就花光了。1968年，他与妻子杨子烈迁往儿子所在的加拿大多伦多，住进了免费的养老院。

◎ 晚年张国焘

1976年，张国焘中风，从养老院转入了免费的老人病院。这年冬天的加拿大异常寒冷，大雪连绵不断。

12月2日夜，病床上的张国焘翻身时把被子与毛毯弄到了地上，数次按铃叫护士却无反应。张国焘只有默默地忍受着严寒的折磨。身体已虚弱不堪的张国焘，怎能经受如此风寒?

3日凌晨5时，张国焘已处于弥留之际。当他想再看一眼亲人时，身边却空无一人。当亲人赶到老人病院时，张国焘已去世多时，时年83岁。——这是1980年1月台湾出版的《传记文学》台湾国民党高官蔡孟坚回忆文章，为杨子烈与蔡孟坚通电中所述之情景。

纵观张国焘的一生，高峰时，曾为中央政治局常委，曾统率10万红军。但中国人最讲究的是“气节”。他人生的最大败笔，是1938年4月只身从延安出走，转而投靠到他曾经与之艰苦斗争过十多年的国民党阵营中。他如果仅仅是“出走”离开中共，还只是他政治生涯的终结，回来做一个普通老百姓，也不算太坏。但他再投靠国民党，就是他做人最重大的失败，他丢失了基本人格。

刘仁静：19岁参加一大，曾任团中央书记，后组织托派团体，被开除出党。被捕后为国民党工作。解放后他向中央认错，党组织给他安排了翻译工作，后任国务院参事。1987年车祸去世。

刘仁静（1902—1987），字养初，又名亦宇、敬云。湖北应城人。1902年3月，刘仁静出生于湖北省应城城关。小时候，在应城小学读书，1914年春，考入武昌博文书院，两年后升入武昌中华大学附中就读。武昌中华大学在当时是比较开放的学校，学生在完成规定的课程之外，允许学生有自由研究的空间和接触社会的机会。因此，刘仁静利用自由时间，阅读了一些当时比较进步的刊物，如《新青年》《甲寅》《学生杂志》《科学》等。

刘仁静从陈独秀的大声疾呼中明白了许多闻所未闻的道理，很快

◎ 刘仁静

便成了《新青年》刊物忠实的读者。

1917年暑假，就读中华大学的恽代英参加了基督教会在庐山举办的“夏令营学生会”。受这次活动的启发，同年11月，恽代英和几个中华大学部的学生组织成立了“互助社”。刘仁静也参加了这一组织，并和恽代英一起组织活动。当时，恽代英比刘仁静大6岁，在各方面刘仁静都得到恽代英的帮助和照顾。在恽代英的日记中有这样的记载：“十点至十一点为养初（刘仁静的号）改文。告养初力戒轻躁之习，求庄重和蔼，与朋友交而敬之。”从日记中可以看出恽代英对刘仁静的关心。

随着时代的发展，“互助社”被赋予了新的内涵和活力，“互助社”自觉不自觉地承担起宣传新文化的任务，组织了一些爱国活动，如上街调查国货，宣传人们不忘国耻。最终，历史的潮流把“互助社”同革命联系在一起，这无疑给“互助社”注入了更新的生命力。“互助社”的实践活动，为刘仁静踏上革命道路奠定了重要的思想基础。

1918年7月，刘仁静中学毕业，考入了北京大学物理系。

在北京大学的日子，是刘仁静人生道路上最辉煌的一刻。就在刘仁静进入北大的第二年，即1919年5月4日，中国爆发了反对帝国主义和封建主义的伟大革命——五四运动。北京大学组织了讲演团，刘仁静与同学们一道，每天上街向群众宣传，号召广大人民群众起来斗争。在这场运动中，刘仁静被警方逮捕，判刑一个月。刑满释放后，回校继续读书，并转入哲学系学习。

那时候，北京大学上课方式非常灵活。学生可以去听课，也可以不去听课自己学习。所以，刘仁静大部分时间在图书馆学习。他阅读了一些英文版的马克思主义书籍，如《共产党宣言》《哥达纲领批判》等。由于受马克思主义和五四运动新思想的影响，刘仁静的思想得到了进一步地升华，毅然走上了革命的道路。

1920年春，刘仁静加入了中国社会主义青年团。同年10月，北京共产党早期组织成立，经邓中夏、罗章龙的介绍，刘仁静加入了中国共产党。

在一大会议以后，刘仁静的一生最大的跌宕是在莫斯科认识了托洛茨基，然后追随他许多年，成为党内的反对派，被开除出党。从此一蹶不振。如果他听从毛泽东在一大会议上对他的提醒，"多从事实际工作"，对中国革命实际情况多一些了解的话，其一生又是另一番景象了。

这些端倪，我们从一大会议上就可以看出来了。他凭着外语水平比较高，看过一些英文版的马克思列宁主义著作，就与李汉俊开展了论战。他的有些论点不能被大会所接受。

之后，他主要从事社会主义青年团的工作，出版社会主义青年团机关刊物《先驱》，1922年11月，他作为中国社会主义青年团的代表，与中国共产党代表陈独秀一起，在莫斯科出席了共产国际四大。在会上他作了发言，并结识了托洛茨基。

刘仁静从俄国回来以后，于1923年担任了中国社会主义青年团中央书记。那时候他还是意气风发的，写了不少文章，在《中国青年》《向导》《民国日报》上发表。但他在团中央又与施存统发生了矛盾，两人合不来。刘仁静就选择了离开，由任弼时接替团中央总书记职务。

国共合作后，北伐战争前夕，刘仁静赴苏联到国际党校列宁学校学习。这时，恰好在苏联党内发生了斯大林与托洛茨基的论战。而此时的刘仁静在思想上倾向于托洛茨基，并决心追随他。

1927年11月，托洛茨基被开除党籍，1929年1月被逐出苏联，流亡到国外。当年6月，刘仁静在学习结束回国时，未向中央报告，特地转道欧洲，去找托洛茨基。

他先到德国，后经罗马尼亚，来到土耳其的伊斯坦布尔。刘仁静顾不上旅途疲劳，随即赶到太子岛，终于见到了托洛茨基。两人见面后，激动的心情难以言状。托洛茨基与刘仁静用俄语进行了亲切的交谈。

托洛茨基兴奋地说："你是我认识的唯一一位中国人，很高兴有了来自中国的支持者。"

为了二人会面的方便，刘仁静搬到托洛茨基附近的一个小旅馆住下。每天早餐后，刘仁静来到托洛茨基家，多半时间在托洛茨基家吃午饭。托洛茨基当时正在忙于写自传，给报纸写文章，赚点稿费，除了用来维持一家三口的生活之外，还得留下一部分作为活动经费，生活过得很艰苦。为了维持生计，托洛茨基整天在工作室写作。工作室不大，陈设也非常简陋，桌上堆满了书稿，还在桌上摆放着一张列宁的二寸照片。

刘仁静在土耳其住了大约一个月。在那些日子里，每天上午是他们的会谈时间，下午大多两人一起到岛上散步或者划船。他们交谈的内容，主要是国共合作问题和反对派的任务。托洛茨基主张无产阶级政党不能和资产阶级政党合作，应该单独干革命。其次，他们还讨论一些国际问题。

临别之前，托洛茨基送给刘仁静一篇文章，题目叫作《中国目前政治形势和反对派（布尔什维克——列宁派）的任务》。后来，这篇文章成为中国托派的基本纲领。

1929年8月刘仁静回到上海。这时，陈独秀由于在大革命中犯右倾错误而离开了领导岗位。刘仁静与陈独秀在上海四川路横滨桥郑超麟家见了面。

刘仁静说："我这次路过土耳其，专门去伊斯坦布尔住了二十几天，看到了托洛茨基同志。"

陈独秀一听，立即表现出很大的兴趣。刘仁静说："托洛茨基专门口授了《中国目前政治形势和反对派的任务》一书，由他儿子打字。"

陈独秀忙问："这本书带来了吗？"

刘仁静告诉陈独秀，不光这本书，还带来了托洛茨基的三篇重要著作，即《中国革命的回顾与前瞻》《共产国际第六次大会后的中国革命问题》《中国布尔什维克列宁派的纲领草案》。

陈独秀看了这三篇文章后，他之前自发形成的反对派思想与托派问题联结起来，成立了“中国共产党左派反对派”。（见陈利明：《陈独秀传》，团结出版社2011年版，第326—329页。）

刘仁静虽然与陈独秀以及中国托派组织站在一起，但是他又以见过托洛茨基的“正统托派”自居，在托派中也相当孤立，谁也不要他。他只得单枪匹马地干，一个人办起一个刊物《明天》。

1929年，刘仁静被开除出党。

1935年，他在火车上被人认出真实身份，遭到国民党警察逮捕，在苏州反省院里关押了三年后，才被保出。

出狱后，他去找陈独秀，陈独秀不理他。他倒向了国民党，在国民党的刊物上发表文章。特别是1948年，他还发表了反共文章《评毛泽东的〈目前形势与我们的任务〉》。这位中国共产党的一大代表，已经走得越来越远了。

党内的路线斗争是不可避免的，关键是在路线斗争中应遵守应有的底线，不能另搞反对派组织。客观地说，关于对托洛茨基的评价，当年与今天已经明显不同。人民出版社1999年版《毛泽东文集》第六卷《在中国共产党全国代表会议上的讲话》一文中，第七卷《在莫斯科共产党和工人党代表会议上的讲话》一文中，均有对托洛茨基的注释，对其评价发生了根本性的变化：“托洛茨基（一八七九——一九四〇），十月革命时，任俄国社会民主工党（布尔什维克）中央政治局委员、彼得格勒苏维埃主席。十月革命后，曾任外交人民委员、陆海军人民委员、革命军事委员会主席、共产国际执行委员会委员等职。一九二六年十月联共（布）中央全会决定，撤销他的中央政治局委员职务。一九二七年一月共产国际执行委员会决定，撤销他的执行委员职务，同年十一月被开除出党。一九二九年一月被驱逐出苏联。一九四〇年八月在墨西哥遭暗杀。"

首先，也是最重要的，这里删去了旧注释中"反对列宁关于在苏联建设社会主义的理论和路线"的评价。其次，删去了原注中"在联共（布）党内组织反对派，进行派别活动"的评价，肯定了托洛茨基一直顾全党的团结的大局，致力于党内民主建设的功绩。第三，新注释中对托洛茨基在十月革命之前及之后各个领域中的工作给予了充分肯定，逐一点出了他所担任的重要职务。第四，使用了"遭暗杀"字样，体现了我党对托洛茨基之死的同情。

当年如果刘仁静不是以组织托派的方式，而是在党内以讨论或建议的方式提出，并在组织上服从党的决定，他的人生道路还是不错的。但是他走的是一条脱离组织另搞一套的路，最后又背叛了自己当时的信仰，跑到国民党一边去，实在是最大的错误和不幸。

还好，他知错能改。1949年上海解放。留在上海的刘仁静主动给上海军管会写信，要求处理。党对犯错愿改的人，还是十分宽宏大量的。刘少奇与他谈话，要他好好认识错误，在他表示认错以后会给他安排一个适当的工作。

在他登报认错以后，他就被安排在北京师范大学教政治经济学。后来又到人民出版社从事编译工作。

“文化大革命”中，刘仁静自然受到冲击。1966年到1978年被关押。

毛泽东听说刘仁静被捕，就说道：有些老托派，像刘仁静，不要关了吧。于是刘仁静受到特别关照，从秦城监狱中被释放但又考虑到他回到社会上又会被红卫兵斗来斗去，于是另找了一个地方，单独住一间房子，可以看书看报，每月还可以进城一次，专门派车，专人护送，真是待遇不一般啊！

“文化大革命”结束，1978年刘仁静回到家里，虽然他已经76岁，好在他身体硬朗，与妻子、儿子一起生活，安度晚年。

1986年，刘仁静被任命为国务院参事。他作为一大代表中唯一还活在世上的老人，受到许多媒体的关注与采访。

他晚年感叹道：“共产党对我仁至义尽，不管我犯了多大的错误，还是没有抛弃我，给了我生活的出路。”这句话，确实应该是他的肺腑之言。

1987年8月5日清晨，他出门去晨练，不幸被公交车撞了，因医治无效去世。

1987年8月12日，《人民日报》发表消息：“国务院参事刘亦宇（原名刘仁静）同志8月5日不幸逝世，终年85岁。刘亦宇曾是中共‘一大’代表。向刘亦宇遗体告别仪式，今天在八宝山革命公墓举行。”

三、武汉地区代表

董必武：清末秀才，同盟会会员，参加辛亥革命，中国共产党的创始

人之一，52岁参加长征，从中央党校校长，到甘当“妇女队长”。他一生谦虚谨慎，服从组织，联系群众，严于律己，成为德高望重的开国元勋。

◎ 董必武

董必武(1886—1975)，原名贤琮，又名用威，字洁畬，号壁伍。1886年3月5日出身于湖北黄安县(今红安县)一个清贫的教师家中。

1903年，他赴武昌参加乡试时，因为好奇而朝衙门内张望，无缘无故地被衙役殴打，那年他虽然考上了秀才，但他从此认清了清朝政府的腐败，他说：“从此恨死当官人。”

1905年，董必武考入湖北文普通学堂，1910年毕业，获清朝学部拔贡，此后在黄州任教员。

1911年，董必武参加辛亥革命，同年加入中国同盟会。1914年考入日本东京“私立日本大学”学习法律，其间于日本加入孙中山创立的中华革命党。1915年5月回国从事反袁活动，曾两次被捕入狱。1916年出狱后赴日本。1918年回国，参加护法运动。1919

年在上海参加了五四运动，其后创办武汉中学，教授国文。

在十月革命和五四运动的影响下，他开始接受马克思主义。他总结中国旧民主主义革命的教训，对比俄中两国革命成败的经验，从中认识到，“中国的独立，走孙中山的道路是行不通的，必须走列宁的道路”。由此他逐步实现由激进民主主义到共产主义的重大思想转变。

1920年，他和陈潭秋等同志共同创建武汉共产党早期组织。1921年，他出席中国共产党第一次全国代表大会。随后，任中共武汉地方委员会书记、中共湖北省委委员。

国共合作时期，他担任国民党湖北省党部执行委员，并出席国民党二大，当选为国民党候补中央执行委员。

1927年大革命失败，董必武成为蒋介石、汪精卫的追捕对象。他化装成水手，从武汉乘船到上海，然后避难前往日本。当他刚刚逃离武汉，他的寓所就被查抄，他的外甥张培鑫被杀害。

半年后，他受党的安排，从日本到莫斯科，在中国共产主义劳动大学特别班学习。他的同学中有徐特立、吴玉章、林伯渠、何叔衡、叶剑英等。此后，他又转入列宁学院学习。已经四十多岁的他，以“老学生”的姿态孜孜于学习之中。

1932年3月，董必武离开莫斯科回国，于中秋节到达江西瑞金。最初担任红军大学上级干部队政委。不久出任中国共产党中央党校校长。

董必武一生最大的考验之一，是在他52岁时参加长征，而他当时作为中华苏维埃临时最高法庭主席，在长征中只让他担任后勤部卫生队干部休养连党总支书记。中华苏维埃共和国政府党团书记约他谈话时，除通知他随军长征时，还通知与他结婚不久的妻子陈碧英不能跟他一起走，要留在根据地打游击，理由是她的年龄“大”，身体不好。对于组织上的决定，党性极强的老党员董必武二话不说，表示完全服从。

10月10日，红军即将踏上长征路，被留在苏区打游击的陈碧英，只能洒泪送别丈夫。想到这一去路上吉凶难测，今后也不知夫妻能否再聚，夫妻俩都十分心酸，依依难舍。陈碧英惦记董必武年纪已大，担心他行路困难，她痴情地跟着队伍送了一程又一程，含着眼泪陪董必武走了三天三夜。

后来，董必武再三劝阻她不必送了，说走远了不好往回走，陈碧英这才哽咽着止住了脚步。离别时，陈碧英把系在腰带上的手电筒递给董必武，深情地说：“你年纪大了，晚上走路要多留心啊！”

分手后，夫妻之间从此失去音讯。到达陕北后很久，董必武才得知，陈碧英到闽粤边界石坪的兴梅地区开展党的秘密工作时，不幸被国民党逮捕，壮烈牺牲。董必武为失去爱妻伤心怀念，痛惜不已。

长征途中又让董必武这位大龄老男人，去当妇女队队长。当周恩来征求董必武的看法时，董必武回答说：“男人负责女人的工作，想必要碰上难以想象的困难。但是，长征是特殊的战斗，在这特殊的战线中，我绝对听从党的安排。”从此，董必武便成了妇女队的“胡子队长”。

身为妇女队长的董必武碰到的最大的难题，是如何照顾好保护好30位女红军。这些女红军大都比较弱小，有的女同志还遇到怀孕、生孩子这样令人棘手的困难，董必武将这一特殊问题处理得既周到又圆满。

后来，部队到了瓦窑堡休整时，大家见到董必武面黄肌瘦，疲惫不堪，都不忍心，感叹不已。董必武却哈哈大笑地说："老蒋想逼死我们，可他做梦也想不到，我董胡子还要感激他这一招呢，要不，我哪有这么多可爱可亲的女儿，还添了孙子当上爷爷呢。"

毛泽东知悉董必武所经历的艰难困苦，觉得有疚于这位年事较高的老战友，决定不再让他担任妇女队长，将其调至林伯渠主管的"没收征集委员会"任委员，兼任中央纵队干部休养连党支部书记。毛泽东还将一双未舍得穿的胶鞋，送给董必武，略表由衷的敬意。

后来，他重又担任中央党校校长，并增补为中央委员。

1945年4月，他作为中国共产党代表团成员飞往美国旧金山，出席联合国制宪会议，他在《联合国宪章》上签了字。

从美国回来，他又作为中国共产党代表团成员，在团长周恩来率领下，与国民党政府进行谈判。

新中国成立后，董必武是我国社会主义法制建设的主要奠基人之一。他早年留学日本时就专攻法学，对法学有渊博的知识，成为我国最早的、优秀的无产阶级法学家。作为国务院副总理、最高人民法院院长，他长期全面领导我国政法工作，对我国的政权建设和法制建设，特别是人民代表大会制度和人民司法制度的建立和发展，作出了重大贡献。

在“文化大革命”中，这位中国共产党的元老遭到林彪、“四人帮”集团的迫害。1968年夏，他被通知迁出中南海。1969年，被“疏散”到广州。

1975年1月，九十高龄的他，出席了全国四届人大，被选为全国人大常委会副委员长。

1975年4月2日，董必武因病去世。享年90岁。

在创建中国共产党的一大代表中，最长寿的就是被称为党内“五老”之一的董必武。在那个时代里，他与李大钊、陈独秀走过同样的人生道路，由读私塾、考秀才、任教到赴日本留学，了解到共产主义思想，再回国革命。此后几十年疾风暴雨中，当战友和同道者纷纷倒下或落伍后，董老作为硕果犹存者站到新中国最高代表的位置上，又格外令人敬慕。

毛泽东有词一首，悼念董必武，全词如下：

贺新郎·改张元干词悼董必武（1975年4月）

梦绕神州路，怅秋风，连营画角，故宫离黍。底事昆仑倾砥柱，九地黄流乱注？聚万落千村狐兔。天意从来高难问，况人情易老悲难诉。更南浦，送君去。

凉生柳岸催残暑，耿斜河，疏星淡月，断云微度。万里江山知何处，回首对床夜语。雁不到，书成谁与？目尽青天怀今古，肯儿曹恩怨相尔汝!君且去，休回顾。

纵观董必武一生，他的最大特点是勤勤恳恳、兢兢业业，从不计较个人得失，把自己的一切献给革命事业。他身居高位，从不自视特殊，而是严格要求自己和亲属，注意以身作则，服从组织，遵守纪律，不徇私情。他谦虚谨慎，平易近人，爱护干部，团结同志，善于同党外朋友合作共事，时刻关心群众，同群众保持密切的联系。他好学深思，并注重理论联系实际。他热情奖掖青年后进，循循善诱，诲人不倦。他对于中国古典诗词、书法和文化历史有很高的造诣。他不愧是中华民族优秀文化和中国共产党优良传统的杰出代表之一，成为人民敬重的中华人民共和国的开国元勋。

◎ 陈潭秋

陈潭秋：参与领导二七大罢工，历任中共江西省委书记、满洲省委书记、福建省委书记，出席共产国际七大并留莫斯科工作，1939年奉调任中共驻新疆代表和八路军驻新疆办事处主任，被军阀盛世才杀害，英勇牺牲。

陈潭秋（1896—1943），原名陈澄，潭秋为其字，1896年1月出身于湖北黄冈县一个书香之家。他祖父陈畴中过举人，终身在乡间教书，是当地名流。父亲陈厚怙，一生守田躬耕；母亲龚莲馨，操持家务。陈潭秋兄弟姐妹共十人，八男二女，他排行第七。由于父亲多病，兄弟姐妹多在上学，所以父辈家道中落，但还有能力供他上新式小学，并到武昌入省立一中，到他和八弟陈荫林大学毕业时，家中田地已所剩无几了。

陈潭秋的五哥陈树三是同盟会会员，参加过辛亥革命，曾在孙中山南京临时政府陆军部任职，后不幸逝世。陈树三十分关心陈潭秋的学业和成长，亲手将陈潭秋头上的长辫子剪去，送他到族办的聚星学校读书，并且再三教育弟弟，不要死读书，要善观察，勤思考。陈树三常给陈潭秋讲些革命故事，讲帝国主义侵略中国和清政府压榨人民的罪行，讲同盟会的革命主张和革命志士的斗争生涯，使陈潭秋从小便受到民族民主革命思想的熏陶，萌发了反帝反封建的意识。陈树三还对陈潭秋说："你的名字叫陈澄，就是要澄清浑浊世界的意思，你长大后，要努力去澄清这个世道。"

1914年他进入武昌中华大学补习，1916年又考入高等师范学院（武汉大学前身）英语部。在中学和大学期间，陈潭秋酷爱文学，精英语，同时也以校内的足球健将和长跑能手著称。

在1919年的五四运动中，他是游行的带头人，并被推选为武汉学生代表之一到上海联络各地学联。

通过阅读陈独秀主办的《新青年》杂志，并经董必武介绍，他在思想上接受了共产主义。同年秋大学毕业后，他担任了湖北人民通讯社记者，并到董必武主持的武汉中学兼任英语教员，该校后来成为了湖北建党的发源地。

1920年秋，董必武在武昌抚院街寓所里秘密召集陈潭秋等人，发起成立了共产党早期组织，随后又建立了半公开的社会主义青年团（S.Y.）。

1921年7月，陈潭秋同董必武一起去上海参加中共成立的一大，会后在中共武汉区委分管组织。他以教师身份为掩护，到女子师范发动学生反对封建式的管教，主张剪发、读新书。女师学潮中的骨干徐全直随后参加了共产党，并与陈潭秋相爱成为夫妻。

1923年京汉铁路发生了二七大罢工，陈潭秋是组织者之一，事后遭通缉，转赴安源从事职工教育。

1924年秋潜回武汉，组建中共武汉地委并担任领导。

1927年7月武汉政府反共，陈潭秋因身份暴露转赴江西任省委书记，秘密配合南昌起义。

翌年他调任顺直省委（北方局）任组织部长，后曾到中央组织部协助周恩来工作。

1930年又到沈阳任满洲省委书记。他到哈尔滨布置工作时被捕并受刑，坚不吐

◎ 青年陈潭秋

实，关押两年后获释。

出狱回上海后，于1933年转移到中央苏区。他的妻子徐全直因分娩未能同行，随后被捕就义于南京雨花台。

陈潭秋到苏区后任福建省委书记，又转任中央临时政府粮食人民委员（部长）。在反“围剿”斗争中筹足了军粮，保证了部队供应。

1934年秋红军长征后，他留下来任中央分局委员，翌年初率一部突围到闽西，途中作战负伤，赴上海治疗。

之后，又去苏联，入列宁学院并参加中共驻共产国际代表团的工作。

1939年5月，从莫斯科回国的陈潭秋被任命为中共中央驻新疆代表和八路军驻新疆办事处负责人,化名徐杰。秋天,陈潭秋主持新兵营的野营训练,至此,陈潭秋与王韵雪相识。1942年2月,陈潭秋与王韵雪结婚。

此前新疆的地方军阀盛世才伪装进步，借以骗取苏联的援助和中国共产党的支持。中国共产党从抗日的大局出发，应盛世才的邀请，自1937年起，陆续派出一批干部到新疆工作，帮助盛世才制定了“反帝、亲苏、民平、谨廉、和平、建设”的六大政策，使新疆的政治日益走向进步，经济文化建设得到较大的发展。然而，到了1939年，国际上，德苏战争爆发，苏联初战不利，大片国土沦入纳粹德国之手，日本的关东军也蠢蠢欲动，多次在中国东北、内蒙的中苏边界向苏军挑衅，使首鼠两端的盛世才感到苏联危在旦夕，不足依靠，已经没有利用的价值；在国内，蒋介石发动了第一次反共高潮，国共合作面临破裂的危险。

到1940年初，在陈潭秋的周密安排下，“新兵营”300多名指战员安全返回延安。他们大都是西路军保存下来的身经百战的红军战士，到延安后立即奔赴各抗日前线，为前线充实了指挥人才和战斗力量。

为了保存党的力量，陈潭秋陆续安排大批干部回延安。逃脱盛世才魔掌的重要干部有曾三、沈雁冰、黄火青等，他们在日后的革命斗争和新中国建设中作出了重要的贡献。而陈潭秋自己却多次谢绝同志们劝他转移的建议，始终坚守战斗岗位，处龙潭虎穴而不惊，体现出一名共产党员高度的组织纪律性和大无畏的革命精神。

1942年，随着国际国内形势的进一步动荡，盛世才加快了反共反苏的步伐，完全投向蒋介石的怀抱，竟在家中将同胞兄弟、亲苏拥共的机械化旅旅长盛世骐暗杀，上演了一出手足相残的人间悲剧，亦充分暴露出了他凶残无情的豺狼本性。陈潭秋将盛世才这一反苏反共的信号迅速向党中央汇报，建议中央“须作必要的准备，以应付新的可能的事变”。5月8日，中央电示陈潭秋，同意撤退一部分同志，同时指示他领导一时无法回延安的同志坚持斗争。

9月17日盛世才派他的卫戍队以“请客”为名将陈潭秋、毛泽民等5人软禁起来。

1943年2月7日,陈潭秋被投入监狱,受尽各种酷刑,始终坚贞不屈。9月27日夜晚,陈潭秋与毛泽东的弟弟毛泽民，还有其他同志，都被盛世才杀害。

敌人怕枪声会惊动四周，对他们是用麻绳活活勒死的。

陈潭秋同志的一生，是为党和人民的事业鞠躬尽瘁的一生，是为宣传和捍卫真理英勇奋斗的一生。他执着探求革命真理，是马列主义的传播者和共产党组织的创始人；他始终站在斗争最前沿，是群众运动的杰出组织者和领导者；他高瞻远瞩，是党的原则的坚强捍卫者和忠实恪守者；他一身正气，不屈不挠，是大义凛然的革命英烈。

四、长沙地区代表

何叔衡：清末秀才，但永远与青年在一起。他是年龄最大的师范学生、年龄最大的新民学会会员、年龄最大的一大代表。一生忠于自己的信仰，性情刚毅，以果断著称。是唯一战死沙场的一大代表。

何叔衡（1876—1935），男，汉族，湖南省宁乡县杓子冲人，字玉衡，号琥璜。1876年5月27日出身于一个农民家庭。父亲何绍春，是个勤劳能干的农民。何叔衡共有两个哥哥，两个姐姐，一个弟弟。他5岁丧母，7岁开始劳动。从12岁到22岁，除中间有两年在家种地外，读了8年私塾。和毛泽东一样，也是种过地的人。

◎ 何叔衡

在这期间，有个叫姜方谷的塾师，对他影响颇大。姜曾在外做过小官，学识比较渊博，藏书也较多，他性格耿直，不愿随俗浮沉，且富于民族自尊心，很不满意清政府对外投降、对内镇压的罪恶行径，常用历史上民族英雄的事迹启发学生的爱国爱民思想。何叔衡很尊敬这位老师，老师也很喜欢他这个学生。在姜师门下，何叔衡读了4年，不但修完了四书、五经，而且阅读了历代名著。

1902年，何叔衡26岁时，遵父命参加科举考试得中秀才。同年11月，县衙门送来请他去管钱粮的任职书，但他“感世局之汹汹，人情之愦愦”，拒不就职，宁愿在乡种地、教书。虽被有人讥笑为“穷秀才”，却也因其正直和疾恶如仇而颇受乡里称道。

不久，因清廷行“新政”后办新式学堂，1909年何叔衡受聘于云山高等小学堂，在教文史的同时也开始阅读外界新书，接触到孙中山倡导的民主主义思想和近代科学知识。

1911年辛亥革命爆发，他率先剪去头上的辫子，又动员周围的男人剪辫、女人放脚。暑假时何叔衡回到家中，看到守旧妇人仍不肯解开裹脚布，便说：“看来只动笔动嘴不行，还要动手动刀。”自己操起菜刀，将家中的裹脚布和尖脚鞋全部搜出后，当众砍烂。

1913年何叔衡来到长沙，虽已经37岁，却报考第四师范学校（翌年合并入第一师范）当新生。校内主事见他这样的年纪还来读书，颇为惊诧，他却说：“深居穷乡僻壤，风气不开，外事不知，急盼求新学。”

这位校内年纪最大的学生，一向积极参加青年人的活动，在这期间，他结识了比他年轻17岁的毛泽东。由于两人志趣相同，很快建立了亲密的友谊。毛泽东对何叔衡十分尊重，特别是为他的办事热忱和感情热烈所感动，常说："何胡子是一条牛，是一堆感情。"何叔衡对毛泽东的勤奋好学和远见卓识，更是钦佩。常向人介绍说："毛润之是个了不起的人物。"并说："润之说我'不能谋而能断'，这话道着了。"

1914年夏，何叔衡从一师毕业后受聘在长沙楚怡学校教书。这时，他仍和在校读书的毛泽东等人保持着极密切的联系，经常在一起集会，讨论"个人及全人类的生活向上"等问题。

1915年，陈独秀主编的《新青年》出版了。它吹响了新文化运动的号角，预示着一场革命的大风暴即将来临。正在为救国救民进行艰苦探索的毛泽东、蔡和森、何叔衡等人，从新文化运动中看到了曙光，开始了"动的生活与团体生活之追求"，并经过长期酝酿，决定"集合同志，创造新环境，为共同的活动"。于是1918年4月14日，一个五四时期著名的革命团体新民学会成立了。何叔衡是会员中年龄最大的，担任了学会的执行委员长。毛泽东的评价是"叔翁办事，可当大局"。

为了明确新民学会的方向，毛泽东和何叔衡等商量决定召集在长沙的会员于1921年10月1日至3日开会三天，"讨论新民学会应以什么作共同目的"，"达到目的须用甚么方法"，"方法进行即刻如何着手"等重大问题。会上，毛泽东深刻有力地批判了资产阶级改良主义等反动思想，提出了中国必须采取马克思主义，必须实行无产阶级专政的主张。何叔衡坚定地站在毛泽东一边，明确表示："主张过激主义，一次的扰乱，抵得20年的教育，我深信这些话"。通过这次会议，使新民学会的宗旨和活动转向了马克思主义，为在湖南中国共产党的成立作了重要准备。

同年6月，湖南军阀以“宣传过激主义”的罪名，撤销何叔衡教育馆馆长之职。7月间，他与毛泽东在长沙同登一条轮船赴上海，参加中共建党的第一次全国代表大会。

第一次全国代表大会结束后，何叔衡任中共湘区委员会委员。第一次国共合作时期，任国民党湖南省党部执行委员、监察委员。

1928年6月，党决定派何叔衡赴莫斯科学习。途经哈尔滨时，他改陆游《剑门道中遇微雨》一诗，以抒发自己当时的感情。诗道：“身上征衣染酒痕，远游无处不销魂，此生合是忘家客，风雨登门出国门。”

到莫斯科后，他参加了中国共产党第六次全国代表大会。9月，进入莫斯科中山大学特别班学习。这时他已年过半百，但是，为了革命需要，他学习十分刻苦，有时为熟记一个俄语单词，不知要读多少遍，被称为“在学习上永不疲倦的人”。在学习期间，何叔衡在政治上始终保持着清醒的头脑。徐特立曾说：“在莫斯科，我们几个年老的同志，政治上是跟叔衡同志走的。开头都说叔衡同志笨，不能做事，清党事起，大家还摸不着头脑的时候，叔衡同志就看到了，布置斗争，很敏捷、很周密，谁说他笨!”何叔衡在给他哥哥等人的家信中，一再告诫家人：“不要活着还不如死”，要“做对于现时人生有益的事”，他一再表明：“我的人生观，绝不是想安居乡里以善终的，绝对不能为一身一家谋升官发财以愚懦子孙的。”他还要妻子做好他一旦牺牲的思想准备。

1930年7月，何叔衡从莫斯科回到上海，担任共产国际救济总会和全国互济会主要负责人。

1931年秋，党决定何叔衡转移去苏区。临别前，女儿实山给他赶织了一件毛衣，他也给了实山一只刻有“衡”字的戒指，并语重心长地对女儿说：革命者就是要抱定舍身忘家的决心。谁知这一别竟成了永诀。

何叔衡进入中央革命根据地后，与毛泽东等参加中央工农民主政府的领导工作。当选为中华苏维埃共和国中央执行委员会委员，任临时中央政府工农检察人民委员、内务人民委员部代部长、临时最高法庭主席等职。因他不赞成过“左”的肃反政策，尤其反对过多地判死刑，被诬为右倾而被撤销全部职务。

1934年秋红军长征，何叔衡留在当地帮助乡政府做动员工作。他心里虽难过，仍每日扶一根拐棍，口无怨言地早出晚归。

1935年初中央苏区陷落，中央局书记项英派便衣队送何叔衡和病弱的瞿秋白等去闽西。何叔衡负责保管活动经费，随身带着银元和港币。他们一行昼伏夜行，2月14日凌晨到达了上杭县水口镇附近。

不太熟悉陌生环境的便衣队一时大意，天亮后在小村做饭冒出炊烟，结果很快保安团二营包围上来。何叔衡跟随着几十个便衣队员用驳壳枪且战且走，冲到村南的大山上，匪兵紧追不舍。何叔衡气喘吁吁奔跑困难，又不愿拖累同志，面色苍白地向带队的邓子恢喊：“开枪打死我吧！”邓子恢让特务员（警卫员）架着他跑，到了一个悬崖边，何叔衡为了不拖累战友，突然挣脱警卫，纵身跳了下去。邓子恢后来痛心地回忆，当时他们过了这座山，依托一条小河将追兵打退，何叔衡若能被架着再跑一段，也许可免于殉难。

后人根据邓子恢的回忆，长期认为何叔衡是坠崖而亡。20世纪60

◎ 何叔衡故乡

年代福建当地公安机关审讯一个当时的反动团丁时，据凶手交代，他和另一团丁在战后搜索时，在山崖下发现了一个躺着的老人，已头破血流，从他的衣服里发现了银元和港币。这两个家伙搜身时，老人突然苏醒，抱住凶手的腿欲搏斗，结果被连击两枪打死。

何叔衡在新民学会时就以性情刚毅著称，临难不苟正是他这种品格的表现。当年的知己、诗人萧三后来对何叔衡的称誉是——“做事不辞牛负重，感情一堆烈火燃”，“铁骨铮铮壮烈死，高风亮节万年型”。

毛泽东：一个普通的农家孩子，虽然只有中专学历，却因名师指点和自己的刻苦学习，对中国的历史和文化了然于胸。在树立了“改造中国与世界”的理想后，终生不变。善于“学以致用”，把马克思主义运用于改造中国的实践，成为人类历史上的一代伟人。他是中国人的骄傲，也是南湖红船的骄傲。

毛泽东（1893—1976），字润之（原作咏芝，后改润芝），笔名子任。

◎ 毛泽东

毛泽东出身于湖南省湘潭县韶山冲一个普通的农民家里。清光绪十九年十一月十九日（1893年12月26日）那天，毛泽东出生时，没有像中国古代正史或野史所记载的那样红光满室、祥云缭绕。一切都是普普通通的农家孩子出生的样子。他的父亲毛贻昌（字顺生）是富裕农民，他的母亲文七妹则是普通农村妇女。毛贻昌按照毛氏家谱"祖恩贻泽远，世代永承昌"的排序，给儿子取名毛泽东，字润之。

毛泽东有一个小名叫石三伢子，因为他的母亲前两个孩子都夭折了，所以希望他像石头一样硬朗。确实，毛泽东继承了父亲的强悍和精明，同时也继承了母亲的善良与谨慎。因此我们可以理解毛泽东为何有如此大的忍耐力，在他处于极其困难的时候，他总能耐心地等着他的对手和敌人犯错误，等待着稍纵即逝的机会，从而扭转命运。

毛泽东的父亲毛顺生由于强悍与精明使家庭走上了比较富裕的道路，很有自信让毛泽东按照自己的生活模式来塑造他，因此，父子的矛盾与冲突是难免的了。毛泽东从六岁起就做家务和农活，拔草、放牛、拾粪、砍柴。农家孩子的劳苦他都尝到了，因此读书就成了毛泽东最奢望的事了。父亲认为农家孩子读书不重要，反而劳作和经商更能获利。这更激发了毛泽东读书的欲望。八九岁时，父亲把他送进私塾，但还是要他每天参加劳动。就这样，毛泽东如饥似渴地开始找书来读。和当时的每一个能进学堂读书的中国孩子一样，他从《三字经》《千字文》《百家姓》开始，慢慢向中国文化的海洋深处游去。

这时，13岁的毛泽东遇到了一位好老师，是他的族兄毛泽启，也叫毛宇居，是当地有名的秀才，古典文学功底深厚。很可能毛泽东对古典文学的兴趣就是在那时形成的。后来毛顺生又让他回家干了两三年的农活。

在这个时期，毛泽东经常与父亲对抗，倔强的脾气在父亲的强悍中更加滋长。1906年冬，有一次毛顺生当着客人的面，骂他懒而无用，为子不孝。毛泽东敢于反驳，引起毛顺生暴怒而打。少年毛泽东跑到家门口的池塘边，声称再逼他，他就要跳进池塘里去。老爹想不到儿子会这样倔强，不得不克制自己了。这次斗争，毛泽东与老爹的斗争打了个平手。也使毛泽东懂得反抗的重要性。

由于毛顺生在一次官司中吃了亏，终于觉得读书有点重要了。又同意让毛泽东回学校去。

17岁那年毛泽东又遇到了一个好老师：他的堂伯父毛麓钟。他是毛氏家族中唯一真正有功名成就的人，相当于地师级的官，在毛氏家族很有威望。毛麓钟悉心指导毛泽东阅读了大量古籍，给他指点历代名家传世之作。《史记》《资治通鉴》《贞观政要》从那个时期就让毛泽东反复阅读了。《三国演义》《水浒传》之类的书也读得滚瓜烂熟。毛麓钟酷爱诗词辞赋，这对毛泽东也产生了很大的影响。1910年，毛泽东写下了这样的一首《咏蛙》诗：

独坐池塘如虎踞，绿杨树下养精神，
春来我不先开口，哪个虫儿敢做声。

这首诗一出来，让毛泽东的老师真的刮目相看了。老师们都说毛泽东是一块读书的料，应该继续深造。老爹本来想让毛泽东到一家米店去当学徒，听了毛麓钟老师的劝告，就同意让毛泽东去上洋学堂了。

1910年秋，毛泽东离开韶山，走向外面的世界。临行，他写了一首诗夹在父亲每天必看的账簿里：

孩儿立志出乡关，学不成名誓不还。
埋骨何须桑梓地，人生无处不青山。

17岁的小伙子毛泽东进了东山小学，他那高大的个子和太大的年龄，使他在东山小学鹤立鸡群。比起那些富家子弟来，他的学识显然高出许多。

1911年春天，东山小学的贺岚冈老师应聘到长沙的湘乡驻省中学任教，因为毛泽东成绩优异，贺老师带着他与萧三前往求学。毛泽东第一次到了省城长沙，来到了中国社会变革的前沿阵地，一片新的天地在他眼前展开了。

18岁的毛泽东在长沙第一次看到了报纸这个新鲜事物。报纸后来成了他最得心应手的工具之一。为了表示与清政府的决裂，毛泽东在中学倡议并带头剪掉了辫子。

1911年10月10日，武昌起义爆发了。正在中学读书的毛泽东，一介书生，敢于投笔从戎，到湖南新军当了一个列兵。可见他参加革命的热情高涨和敢于付诸行动。参军本身，不光说明了毛泽东是一个行动者，而且也让他认识到了枪杆子的重要性，为他今后走武装夺取政权的道路打下了实践的基础。这是其他一大代表们都没有过的经历。

在当兵时，他还有一个收获，就是第一次从报纸上看到了“社会主义”这个词。使他关心起“主义”这个新时代的重大命题。

清政府被推翻，毛泽东认为自己的使命已经完成，又可以安心读书了，可是他考了几个学校都不理想。

1912年春天，他考进了湖南省立中学校。在这里他认识了国文教员胡汝霖。毛泽东的历史知识和对历史的兴趣，使胡老师非常惊喜，并将自己的一部《御批通鉴辑览》借给他看。毛泽东从此对《资治通鉴》这类书兴趣终身不改，使他对中国特有的政治演变更迭有了自己的心得。受这本书影响，毛泽东觉得还是自学来得更好，他决定自学，并制订了一个宏大的自修计划，每天到湖南省立图书馆，自学了半年。

1913年春，20岁的毛泽东又以第一名的成绩，考入了免费读书的湖

◎ 毛泽东同父亲毛顺生（左二）、伯父、弟弟毛泽覃在长沙

南省立第四师范。第二年并入湖南第一师范。直到1918年夏毕业，在这里度过了共五年半的时间。

在一师时期，是毛泽东最重要的成长期。在这里，遇到了对他一生影响最大的老师杨昌济。杨昌济曾留学日本六年，又赴英国修学三年，然后游历德国、瑞士，有长沙大儒之名。他辞去多次做官的机会，把教书育人作为自己的天职，“欲栽长木柱青天”。他在讲修身课时，要求学生“立一理想，此后一言一动皆期合此理想”。要“立定脚跟”，又要“精细”，“贯通今古，融合中西”。这对毛泽东一生影响极大。

除杨昌济外，还有徐特立、黎锦熙、方维夏等老师，都给毛泽东以很好的教导。毛泽东在“一师”成为最为博学的人。他的学识主要是在修身、哲学、国文、历史和地理方面。他与萧瑜、蔡和森成为“一师三杰”。

毛泽东的博学，是与“学以致用”联系在一起的。这与湖南的学风大有关系。湖南人里有一个明清之际的大哲学家王夫之，亦称“船山先生”，他强调的是行是知的基础。在杨昌济的倡导下，研究船山学问在一师成为风气。所以，毛泽东十分重视社会实践。1917年暑期，他与萧瑜一起出去“游学”。历时一个多月，走了九百多里路，游历了五个县，结交各色人等，使他对中国社会的真实情况有了比常人更深入的认识。

◎ 在湖南省立第四师范学校求学时的毛泽东

就在一师期间，毛泽东读到了陈独秀的《新青年》。从此，陈独秀对毛泽东产生了重大影响。他的第一篇发表的论文就是1917年4月1日《新青年》上刊载的《体育之研究》，是杨昌济把这篇文章推荐给陈独秀的。文章提出“欲文明其精神，先野蛮其体魄”，因为“身体是知识和道德的载体”。

1917年冬，一师三杰：毛泽东、蔡和森、萧瑜等开始商量组织一个团体，立即得到大家的响应。1918年4月14日，新民学会正式成立，在毛泽东的周围形成了一个以“为改造中国与世界”为目标的群体。

这样，到1918年夏天，毛泽东这个25岁的青年，从一师毕业了。

这是毛泽东不同于一般人的第一个阶段。这个阶段，他因为出身农家，从小参加农业劳动，养成了他的坚韧、刻苦、自信的品格。因有毛泽启、毛麓钟、杨昌济等老师的指点，经历了十多年的苦读，博览群书，并能学以致用。虽然从学历上来说，他只是个中专生，但他已经拥有了远远超越当时社会精英的学识、胆识、毅力、体力和顽强的意志力，他确立了“改造中国与世界”的远大志向。同时，这时他已经拥有了自己的追随者，他的心胸已经装着中国与世界。

1918年8月，毛泽东为组织湖南赴法勤工俭学运动第一次到北京。在北京期间，在北京大学图书工作，得到李大钊等人帮助，开始接受俄国十月革命的思想影响。结识李大钊，对毛泽东的一生来说意义重大。毛泽东后来说：“在他的帮助下，我才成为一个马列主义者。”

1919年5月，响应五四运动，发起成立湖南学生联合会，领导湖南学生反帝爱国运动。“五四”是毛泽东在社会大舞台上第一次露面。7月14日，他主编的湖南学生联合会会刊《湘江评论》在长沙创刊。7月至8月，连续撰写并发表《民众的大联合》长文。

12月，为领导驱逐湖南军阀张敬尧的运动，第二次到北京。在京期间，读到《共产党宣言》等马克思主义书籍。后来，因为“驱张运动”，使他看到了“请愿”这种改良运动在中国的无用。他在与新民学会会员的讨论中得出结论：改良主义、无政府主义，“理论上说得通，事实上做不到。”

1920年五六月间，毛泽东在上海见到陈独秀，同他讨论马克思主义等问题。这次会见，对毛泽东来说，比遇见李大钊更为重要。毛泽东后来回忆说：“他对我的影响也许超过其他任何人。”

8月初，毛泽东与易礼容等在长沙发起成立文化书社，传播马克思主义和新文化。8月至9月，参加筹备成立俄罗斯研究会。11月25日，致信罗章龙，提出新民学会“要变为主义的结合才好。主义譬如一面旗子，旗子立起了，大家才有所指望，才知所趋赴”。

11月，毛泽东同何叔衡等人组织成立了长沙共产党早期组织。

12月1日，毛泽东致信蔡和森、萧子升和其他在法会友。信中表明自己接受马克思主义，走俄国十月革命的道路。在长沙筹建社会主义青年团。

这样，毛泽东从1918年8月起到1920年底，完成了从无政府主义到马克思主义者的转变。这是他从实践中得出的结论：马克思主义是“山穷水尽诸路皆走不通了”后的最后选择。

1921年7月23日至8月初，毛泽东同何叔衡作为长沙共产党早期组织的代表出席在上海召开的中国共产党第一次全国代表大会。

这是毛泽东非同一般的人生的又一个阶段。毛泽东因为与“南陈北李”的李大钊和陈独秀的相识相交，从中国的四亿多人中脱颖而出，成为中国第一批五十多个党员中的一员。而且，作为中国共产党的创始人，出现在中国的政治舞台上。与其他一大代表相比，看起来其他人大都留过洋，对马列理论都能滔滔不绝，而毛泽东在会上只是一边作记录，一边静静地思考。但他比其他代表更懂得中国社会和中国传统文化，更贴近农民和基层百姓，身体更强健。最主要的是在亲身试验了各种主义后，才选择了马列主义作为自己终身不变的奋斗道路。他的信念比其他人要坚实得多，他对中国革命面临的困难的认识，也比其他人清醒得多。

1921年8月，毛泽东回到长沙，任中国劳动组合书记部湖南分部主任。与何叔衡创办湖南自修大学，这个自修大学培养了200多名青年，其中就有陈赓这样的大将。10月10日，建立中共湖南支部，任书记。夏曦、郭亮、夏明翰、毛泽民、杨开慧等，都是这时入的党。毛泽东把自己的亲属都介绍到了党内，他是举家投入革命，不给自己留后路的。这与其他早期参加革命的又很不同，毛泽东没有给自己留退路。

中国共产党是在共产国际的领导下成立和开展工作的。俄国人的做法，就是我们成功的榜样。所以搞工人运动是党的主要任务。毛泽东于1922年5月，成立中共湘区执行委员会，担任书记。9月至12月，组织领导粤汉铁路工人、安源路矿工人、长沙泥木工人等一系列罢工运动，推动湖南工人运动迅速走向高潮。

其中的安源路矿罢工运动影响最大，毛泽东两次到安源。可以说，毛泽东是搞工人运动的元老，光是大罢工就搞了十次之多。但是，他发现了工人的力量在中国来说实在太小。他是党内最早明白这一点的人：在中国光搞工人运动要成功是不可能的。毛泽东善于从实践中认识真理：他在认识到“改良主义”在中国行不通之后，又认识到在中国光靠搞工人运动不可能取得最后胜利。但通向胜利在道路在哪里？这时他也还没有找到。

陈独秀在许多同志如李达、李汉俊等离他而去时，却发现毛泽东干得轰轰烈烈，他说："只有湖南的同志可以说工作得很好。"他决定调毛泽东到中央工作。

1923年4月，毛泽东去上海，到中共中央工作。6月，在广州出席中国共产党第三次全国代表大会，被选为中央执行委员、中央局委员，并担任中央局秘书。中央局共五个人：陈独秀、毛泽东、罗章龙、蔡和森、谭平山。五个人中，有三个是原来新民学会的成员。这一年，毛泽东才30岁，离他参加"一大"后才两年，他已经是仅次于陈独秀的中央主要领导人之一了。

9月16日，遵照中共中央的决定并受国民党本部总务部副部长林伯渠的委托，毛泽东回到长沙，筹建湖南国民党组织。当年，湖南还没有国民党组织，是毛泽东帮助组建起来的。大革命时期，湖南的国民党组织成为最发达的省份之一，受到了孙中山的关注。毛泽东于1924年1月，在广州出席中国国民党第一次全国代表大会，被选为候补中央执行委员。

2月，毛泽东到上海，任国民党上海执行部委员、组织部秘书等职。这时，他与蔡和森、向警予、罗章龙等在一起工作，杨开慧也带着两个儿子来到上海，一家人聚在了一起。但这样的好日子没有能延续多久。国民党右派开始排挤毛泽东。毛泽东不吃他们这一套，不愿意过寄人篱下的生活，他离开了上海。12月，回湖南养病。1925年2月，回到韶山，一面养病，一面开展农民运动。由于天生的与农民的密切联系，他开始转到了农民运动上来了。

国民党左派的力量在孙中山去世、廖仲恺被暗杀后大大削弱了，而以蒋介石为代表的右派正在崛起。在国民党二大上，毛泽东被选为国民党代理宣传部长。毛泽东进入了社会的最高层，他站在全新的高度来看中国社会，写出了《毛泽东选集》的第一篇文章——《中国社会各阶级的分析》。这时，他看到了中国革命成功的根本力量：中国底层的劳动大众。他离找到革命道路的目标越来越近了。

蒋介石向共产党挑战，在广州制造中山舰事件，毛泽东与周恩来等力主反击。可是苏联人和陈独秀却委曲求全，想以退让来求得右派的同情。

与蒋介石抓军权不同，毛泽东看到了农民身上蕴含的伟大力量。他于5月至9月主办国民党第六届农民运动讲习所，任所长。11月，到上海任中共中央农民运动委员会书记。不久到武汉，创办国民党中央农民运动讲习所。1927年1月4日至2月5日，在湖南考察湘潭、湘乡、衡山、醴陵、长沙五县农民运动。3月，发表《湖南农民运动考察报告》。

对中国共产党人的真正的考验到来了。4月12日，蒋介石在上海发动反革命政变。在一片血腥和惊慌失措之中，有的一大代表如包惠僧对党失去信心而脱党了，相反，毛泽东恰恰在这时，已经找到了中国革命的道路：他于8月7日的中共中央紧急会议上，提出了著名的“政权是由枪杆子中取得的”的思想，并于会后到湖南领导湘赣边界秋收起义。

9月9日，湘赣边界秋收起义爆发。毛泽东在去江西铜鼓萧家祠第三团团部途经浏阳张家坊时，被团防局的清乡队抓住，押送途中，毛泽东凭着强健的体魄和机智沉着而脱险。在一大代表中，李汉俊、邓恩铭在这一时期被捕杀，王尽美在这一时期病故。毛泽东恰恰能逃过这一劫，而且以后在枪林弹雨中而毫发无伤，真的是命吗？他的强健与机智不能不说是他成功的又一重要一环。

秋收起义受挫后，创建井冈山革命根据地，是毛泽东独创的中国革命道路的又一大创造。到1930年春赣南、闽西两块革命根据地初步形成。

1930年1月，《星星之火，可以燎原》一文，标志着毛泽东关于农村包围城市、武装夺取政权的中国革命道路的理论完整形成。

自从上井冈山之后，毛泽东与朱德领导红军连续粉碎国民党军三次“围剿”，中央根据地不断地巩固壮大。但毛泽东却不断地受到批判与压制。其中，1928年曾遭到中共临时中央政治局错误指责，被撤销政治局候补委员职务。1931年11月在中央苏区党组织召开的第一次代表大会（赣南会议）上受到排挤，被指责为“狭隘的经验论”“富农路线”和“极严重的一贯右倾机会主义”。1932年10月在江西宁都召开的中共苏区中央局会议上，受到“左”倾错误领导的打击。会后，被撤销红一方面军总政治委员职务。1933年2月中共临时中央全面推行“进攻路线”，清除毛泽东积极防御路线在中央根据地的影响，开展了所谓反“罗明路线”的斗争……

事情就是这样奇怪：一方面，事实证明着毛泽东的道路是通向胜利之路，他开创的中央苏区根据地不断壮大；另一方面，他却不断地受到打击排挤。而在这样的难以让人理解的时刻，毛泽东并没有像有的

◎ 赣南会议会场

人那样，受不得委屈一走了之，他不但默默接受组织的错误处分，而且忍受着极大的痛苦而不离不弃地为党工作着。这种坚韧，这种执着，是极其罕见的品格。他从来也没有离开组织一步，而是紧紧地追随、依靠着组织。

毛泽东的忍耐与坚韧，终于有了云开日出的机会。在勉强让他参加长征的微弱机会中，在党和红军面临灭顶之灾的时刻，1935年1月他出现在遵义会议的会场上。在这次中共中央政治局扩大会议上，他被增选为中央政治局常委。会议结束了王明“左”倾教条主义在中共中央的统治，实际确立了以毛泽东为代表的新的中央领导。

从1927年9月秋收起义，到1935年1月遵义会议，这是毛泽东人生中又一个重大阶段。在这个阶段中，最突出的是他的创造性和坚忍不拔。他不盲从共产国际的错误指挥，敢于打破迷信，一切从中国的实际情况出发，为中国革命找到了一条独特的“农村包围城市，武装夺取政权”的道路。他确立了“党指挥枪”的原则，并在战争中学会了战争，形成了使红军立于不败之地的战略战术。这与共产国际提出的只有在大城市搞暴动，只有工人阶级才是无产阶级，拒敌人于国门之外这一套是完全不同的。沧海横流方显出英雄本色，中国革命在濒临被扼杀的千钧一发之际，毛泽东力挽狂澜，把革命引向正途。从此，他从一大批党的早期领导人中脱颖而出，确立了毛泽东在中国共产党的领导核心的地位。

自从1935年1月遵义会议确立了毛泽东的领导地位后，中国共产党结束了王明“左”倾路线的统治。随后又粉碎了张国焘的右倾分裂主义，胜利完成长征。在与张国焘的斗争中，毛泽东力主北上抗日，显示出他对国际局势的关注与敏感，显示出他能从苏联、日本、中国的三角关系中，把握方向的远见和胆略；而张国焘不光是右倾逃跑，而且野心再次暴露，想趁中央处于危难时机而夺取最高权力。实践证明了他南下的失败。最后，共产国际也命令他撤销第二“中央”，红一、二、四方面军三大主力红军终于在陕北会师，从此，形成了抗日救亡的新局面。

1935年12月，针对日本帝国主义加紧侵华造成的危机，毛泽东在瓦窑堡会议后作《论反对日本帝国主义策略》的报告，阐明建立抗日民族统一战线的理论和政策。

1936年，毛泽东由于十年来领导红军的成功为全党所公认，开始担任中央军事委员会主席，他担任这一职务直至逝世。1937年，是毛泽东理论建树的丰收年。为了迎接抗日战争，提高干部水平，克服教条主义，他写出了《实践论》《矛盾论》两部哲学著作，丰富和发展了马克思主义的认识论和辩证法。从此，那些认为他没留过洋、怀疑他理论水平的人，不得不刮目相看。

局势正如毛泽东所料，日本军国主义成为了中华民族最危险的敌人。1937年7月，抗日战争全面爆发。这时的中国共产党由于采取北上抗日的方针，把战略大本营放在了陕北，已经站在了中华民族抗日的最前线。此时，国民党军队与日本军队一触即溃，在战争武器装备上的巨大差距，军力战斗力上的巨大差距，让汪精卫等一批国民党高官悲观失败情绪蔓延。在一片“亡国论”甚嚣尘上之际，毛泽东领导人民已经开展了敌后游击战争，建立抗日根据地。他写了《抗日游击战争的战略问题》《论持久战》等著作，批判了亡国论、速胜论的错误思想，为中华民族指明了争取抗日战争胜利的唯一途径。这时，党内又出现了“一切经过统一战线”的王明右倾投降主义，为了既与国民党联合抗战，又不被国民党所渗透瓦解，1938年11月，在中共六届六中全会上发表《统一战线中的独立自主问题》的重要讲话，又一次把正了方向。

从毛泽东这一时期的领导水平来看，真的是一种“高难度”的把握。张国焘主张不与国民党合作，从苏联回来一切听命于斯大林的“钦差大臣”王明，主张“一切经过统一战线”。而取得胜利的道路就是这样“狭窄”：既要与国民党联合并推动国民党抗战，更要独立自主、站稳自己的脚跟。所以，所谓“路线”，它不能有丝毫的偏离！

1942年号召全党开展整风运动，使中共在思想上、政治上、组织上达到高度的统一，为战胜困难和取得抗日战争的胜利奠定了基础。1943年3月，毛泽东当选为中共中央政治局主席、中央书记处主席，以后在历届中央委员会都连续当选为主席直到逝世。抗日战争时期，先后发表了《中国革命和中国共产党》《新民主主义论》《论联合政府》等重要著作，阐明了中国新民主主义革命的理论、政策和政治、经济、文化纲领。在延安时期的毛泽东，发表了一系列的理论著作，标志着毛泽东思想的成熟。毛泽东就这样一步一步，扎扎实实走来：建党、建军、建立红色政权、建立统一战线，直到建立完整的思想体系，这时，陕北人民唱出了《东方红》，他作为全党衷心拥护的领袖，作为人民的“大救星”，已经水到渠成。

抗战胜利后，毛泽东针对蒋介石企图消灭共产党及其武装力量的现实，提出“针锋相对”的斗争方针。1945年8月，毛泽东亲赴重庆与蒋介石谈判，签订《双十协定》。1946年夏，蒋介石发动全面内战。毛泽东分析了双方力量对比，提出了战略上藐视敌人，战术上重视敌人和打败蒋介石的政治方针与军事原则，在粉碎蒋介石全面进攻、重点进攻后立即转入战略反攻。1948年9月—1949年1月，亲自指挥辽沈战役、淮海战役、平津战役三大战役，取得了战略决战的胜利。接着，不听斯大林“划江而治”的要求，号召“将革命进行到底”，发动渡江战役，命令中国人民解放军进军大西南、大西北，推翻了国民党政府。1949年3月，主持召开中共七届二中全会，并作重要报告，决定把党的工作重心从农村转向城市，规定了党在全中国胜利以后的各项基本政策。同年6月，发表《论人民民主专政》，阐明中华人民共和国政权的性质及其内外政策。9月，主持召开中国人民政治协商会议第一届全体会议，制定并通过了《中国人民政治协商会议共同纲领》，选举产生了中央人民政府，当选为主席。

10月1日，在北京天安门向全世界庄严宣告中华人民共和国成立。

从遵义会议到全国解放这个时期，是毛泽东思想的成熟期，也是中国共产党从此不断取得胜利直到取得全国政权的时期。在延安长达13年的相对安定的环境里，他深入地研究马克思主义的理论，并与中国国情、与长期的斗争实践相结合，形成了完整的思想体系。这个体系，完全是在中国的土地上成长起来的，只有毛泽东为首的领导集体们能做到这一点。至此，在一大到七大期间进入中国共产党中央的所有领导人发现，毛泽东和以他为核心的领导集体，这时已经远远地走在了所有人的前列。建党、建军、建立根据地、建立统一战线、毛泽东思想的形成，直到建立中华人民共和国，这时的毛泽东，已建立伟业，已成伟人。

新中国成立以后的毛泽东，因为他犯过错误，人们对他评价不一。笔者不想用更多的篇幅在这里详细讨论，只是列出他在新中国成立后中国的现状和离开时世所公认的成就，也就足以说明一切：

他接手时的中国是一个“一穷二白”的国家：行千百年之久的土匪恶霸还在欺压着人民，不断引发周期性动荡的土地私有制需要彻底改造，人民还在忍饥挨饿，没有足以抵御外敌入侵的国防，美国等强国在周边形成了包围圈虎视眈眈，中国大多数人都是文盲需要普及教育，中国没有工业化的基础，人民没有组织起来，没有信仰，党内的一些人开始准备做官当老爷，享受胜利的成果……

毛泽东把维护国家领土完整和不受外国强敌欺侮的民族利益摆在了首位，不管对手是盟友苏联还是美国。

他恢复了中国在联合国的地位，告诉世界，除了美国和苏联两极，还有中国这第三世界一极的存在。

他在确保了国家领土完整并让所有强大的敌人畏惧的同时，对中国社会进行了彻底的改造；他让千孔百疮的旧中国变成了社会主义制度的新中国；他推行了工业化改造，打下了中国工业化的扎实基础；他使人民有了共同的信仰而空前的团结；他使“东亚病夫”变得强壮；他让全国的土地得到全面耕种，并通过育种、水利、垦荒，第一次解决了困扰中国几千年的粮食问题；他普及了全民基础教育，从此中国几千年来第一次让文化知识普及到全体人民。

更重要的是，他反复强调共产党必须“全心全意为人民服务”，他虽然身居高位，却身体力行，带头垂范。他从来不给自己家人有任何的特殊，在新中国成立前献出了自己多位亲属后，又在朝鲜战争中献出了儿子。他一生追求的是精神的升华而不是物质的享受。由于他的带头，在他领导的时期，中央高层领导大都以身作则，不搞特殊化。他把中国社会变成了彻底的平民社会。

他晚年虽然犯了“大跃进”时期的“左”的错误，犯了“文化大革命”这样全局性的严重错误，但还是他亲自安排了挽救的措施。

1976年9月9日中午，中央人民广播电台反反复复播送“下午三时有重要广播”，人们当时已经预感中央有重大消息要发布，但谁也没敢往那边去想。

下午三时整，中央人民广播电台播出了哀乐，一个低缓的声音宣告：

“我党我军我国各族人民敬爱的伟大领袖，国际无产阶级和被压迫民族被压迫人民的伟大导师、中国共产党中央委员会主席、中国共产党中央军事委员会主席、中国人民政治协商会议全国委员会名誉主席毛泽东同志，在患病后经过多方精心治疗，终因病情恶化，医治无效……”

毛泽东是在9月9日0时10分与世长辞的。享年83岁。

毛泽东的逝世，全世界为之震动。123个国家政府发来唁电，30多个国家和政党举行追悼大会。在北京吊唁现场，有30万人列队走过他的灵柩，向他的遗体告别。百万人聚集在天安门广场，举行追悼大会。全国9亿人民在各地举行各种追悼会向他致哀……

在所有的一大代表中，唯有毛泽东的离开，引起全世界如此的震撼和瞩目。他带着“改造中国与世界”的梦想而来，毛泽东在离开时，把半殖民地半封建的中国，带进了现代社会，完成了人类社会最不可思议的进步。他让中国成为与美国、苏联等国家并立的大国，而在这之前，中国是屡屡被世界列强欺侮的国家。他砸碎了中国人身上的一切锁链，给中国人带来了彻底的解放，也给中国人树立了永远自豪和尊崇的神圣与信仰。

毛泽东成为人类历史上最伟大的人物之一。他站在人类历史的制高点，指画了中国和人类的未来。（本节主要参考自任志刚《为什么是毛泽东》，光明日报出版社2013年版。）

五、广州地区代表

陈公博：他是中国共产党的创建者之一，却又彻底背叛并毕其终生与共产党作对到底；他是国民党的核心巨僚，最终却被国民党枪毙处死。他从小继承父志加入同盟会，最终却又成为汪伪政权臭名昭著的第二号大汉奸。

陈公博（1892—1946），原籍广东乳源，寄籍南海。1892年10月19日，广州北门一幢高大的官宅中，年届60岁的广西提督陈志美因晚年得子而兴奋不已，他给这个孩子起名“公博”。

◎ 陈公博

陈公博自6岁起便醉心于各种旧小说，如《薛仁贵征东征西》《杨文广平南平北》《水浒传》《封神榜》《三国演义》《西游记》《红楼梦》等等。他的这种兴趣来自于去露天书场听“讲古”。那时，在广州禺山关帝庙前的空地上设有好几个书场，由说书先生讲说《三国演义》《说岳全传》等旧小说。

自9岁开始至15岁，陈公博正式入学堂接受传统的汉学教育，教书先生是自命为“康梁传人”的梁雪涛。他在讲解经义和历史的时候，也不时说些康有为、梁启超变法维新的故事和资产阶级改良主义的思想，使陈公博在接受正统的封建传统教育的同时，也接触到一些新思想、新学说。

15岁时，陈公博想进新式的洋学堂读书，不料，父亲要他缓两年再说。其父正在秘密谋划一桩大事，暂时无心他的学业。陈志美曾做过广西提督，相当于今天的省军区司令，算得上清军高级将领，但目睹列强瓜分，朝政腐败，早有反清思想，成为天地会头目。这年春天，革命党人要陈志美负责在北江地区组织天地会众，进行反清起义。陈公博也就从15岁起，“少小从军行，单骑渡韶水”，开始闯荡江湖，跟随父亲离家出走，经湘、粤、赣三省边界从事起义活动。

他们父子一行，由广州溯江北上。陈公博一路上，替父亲联络旧部和各地会党成员，掌理文书，抄发会帖，四处奔波，他父亲要他抄写300本天地会会章，分发沿途会众。

陈志美毁家举义，奔波忙碌了几个月，终因武器不足、人心不齐，出师未捷，旋告失败。为便于处理善后，派人先送儿子回广州，陈公博心系老父安危，毅然说道：“父亲不走，我也坚决不独自走。”父亲怒道：“你还是小孩子，不懂事，难道我看的事比你还差吗？立刻动身，不必多说。”万般无奈之下，他只好遵从父命，与随从一起上马启程回家。

路途中，一个清军的军官抢去他们的乘马，二人只得徒步而行。

至广东英德，两人筋疲力尽，且阮囊羞涩，无钱雇船，乃不顾性命之险危，搭上江中木排漂流而下。夜宿江边，陈公博回想举义经过，念及父母，默然成诗一首："匹马渡韶水，寒风吹峡门。疏星点浮石，残月照孤村。奔命穷投止，余生耻苟存。十年须记取，横剑跃中原。"从这首诗看来，还是颇有豪情壮志的。

回到家中，陈公博方知自己走后，父亲自投罗网，到当局自首，被入狱后，父亲积累一生的家业倾完荡尽。父亲凛然自首，救了众人自入大牢。早岁的"革命"生涯，那侠客豪杰般的大义凛然、视死如归刀刻斧镌般地凿入了他幼小的心灵，并影响了他终生。可惜的是，这种影响并不只是在正确的地方，而是使得陈公博过早地染上了江湖侠义的强梁之风。以至于促成他盲动、任性、无政府、爱逞强，以致认贼作父的可悲下场。性格即命运。陈公博是悲剧性格。正是这，决定了他后来的人生道路。

父亲入狱，家道中落，陈公博流亡香港，到报馆当校对，自谋生计。后来回到广州，白天替人做手工，晚上帮人补英文，聊以糊口。

他在香港加入中国同盟会，16岁的青年决心追随孙中山，继续走"驱除鞑虏，恢复中华"道路。

辛亥革命成功，其父出狱，小小年纪的陈公博即被拥为县参议长和军队的高参。趾高气扬之际，其父严峻斥责并逼他洗去虚荣铅华去求学。

1917年，他从广州政法专门学校毕业后，又考入北京大学哲学系。当时的北京大学正是蔡元培任校长时期，各方名师会集，各种思想广泛传播。陈公博与同时代的人一样承受着新思潮的冲击和洗礼，吮吸着蜂拥传入中国的各种西方思想。

1920年夏，陈公博结束了在北大的求学生活，带着极不定型的新思想和急于施展才华的抱负，返回广东，开始踏上政治舞台。在陈公博返回家乡前后，广东已成为中国革命的中心：一方面，孙中山在第一次护法运动失败后，再次举起“护法”旗帜，1920年10月从上海重返广州主政，革命蓬勃发展。另一方面，五四运动后的广州，各种新思潮广泛传播，各种新刊物如雨后春笋般涌现，掀起了一股宣传马克思主义和社会主义的热潮。在这种情况下，回到广州的陈公博在时代潮流的冲击下，开始接受和宣传社会主义学说。

1920年10月20日，他联络同学和一些进步知识分子创办了以宣传新文化、新思想为宗旨的《广东群报》，陈公博任总编辑。《群报》一经正式发刊，便以崭新的面貌大张旗鼓地宣传社会主义新思想、新文化，在广东思想界引起巨大震动，受到进步人士的普遍欢迎。

1920年12月，陈独秀受聘广东教育委员会委员长之职来到广州，帮助广州方面建立共产党早期组织。在此之前，两名苏俄代表联络广州的无政府主义者建立了“无政府主义的共产党”。1921年3月，陈独秀与陈公博、谭平山、谭植棠等经过几次酝酿，组建了新的共产党广州支部，谭平山任书记，谭植棠管组织，陈公博负责宣传。共产党广州支部成立后，陈公博继续任《群报》主编，在陈独秀的指导下，开辟了许多专栏，宣传马克思主义。《群报》成了广东地区传播马克思主义的一个重要阵地。

此外，陈公博主持宣传员养成所，招收进步青年入所学习马克思主义，培养了一批具有共产主义理论知识的革命骨干。陈公博还参与了党的外围组织，如广州马克思主义研究会的组织工作。

1921年7月23日，中国共产党第一次全国代表大会在上海举行。陈公博被陈独秀指定为广州地区的代表出席。陈公博正好新婚不久，他就把开会与度蜜月结合在一起，参加了一大。

陈公博马克思主义的政治热情本来就是忽冷忽热，以至于一大会议后，准备出国留学。1922年6月，陈炯明发动叛乱，炮轰孙中山的总统府，广东局势出现大变动。为此，中共中央召开杭州西湖会议，决定联孙反陈。但陈公博却写文章支持陈炯明，这理所当然遭到中央的批评，他写信给陈独秀，声明绝不受党的羁束，接着他召集广东共产党组织会议，声明他与中共中央决裂，不再履行党的任务。从此，他脱离了中国共产党，到美国留学去了。

1924年，他在哥伦比亚大学完成了一篇硕士论文《共产主义运动在中国》。几十年后的20世纪70年代末，从哥伦比亚大学尘封的资料库里，居然传出一个惊人的消息：从陈公博的这篇硕士论文里，发现了足以让世人瞩目的中共一大的原始文件！原来这套文件竟是中共一大的参与者和携带文件的当事人陈公博带到美国的！这套文件加上中共全国第二次代表大会的一共六个文件，是附在陈公博1924年1月完成的这篇硕士论文后面作为附录文献出现的。就这样，这份佚失了40年的中共重要文献又得以面世。这不仅给中共补偿了一大文献的缺憾，而且对国际共产主义运动史、中国的近现代革命史乃至现代世界史的研究都有着一种不朽的贡献。

在这篇论文中，他的一段话，倒也是被他言中了："一句话，远东古老的土地上现在充满了激进主义。如果在中国的压迫不停止，那么大概在不久的将来，一个中国的新制度就要麻烦历史学家在世界历史上增加一页，来叙述苏维埃主义的进一步的胜利。"

可惜，他自己的预言，他不去珍惜，恰恰是逆潮流反其道而行之。他从美国回来后，就跑到国民党那里当官去了。一个人，不能遵从理性的指导，虽然学了不少马克思主义，却因眼前的利益而背叛信念，这就是陈公博最可悲之处。他在人生的几个重要关口，都是因这样的背叛而葬送了自己。

1925年陈公博于哥伦比亚大学硕士毕业回到广州后，一头扎进国民党政要汪精卫的怀抱，并为汪极度赏识，不久即与之结为死党。在险恶的政治圈子里陈公博仍未忘其绿林之风、好勇斗狠、豪侠江湖、哥们儿义气，他极为效忠汪精卫，以"士为知己者死"的激情拥戴他，不惜多次惹怒蒋介石，为他以后的败亡种下了祸根。

陈公博回国后即加入国民党，并出任国立中山大学代理校长。受汪精卫、廖仲恺的重视，先后任党部书记，国民政府广东省工农厅长。1926年国民党第二次全国代表大会上当选为中央执行委员，进入国民党领导核心。北伐开始后，作为蒋介石随员北上。宁汉分裂时支持武汉的汪精卫。宁汉合流后到广州，联合张发奎驱走李济深，准备迎接汪主事。之后共产党发动广州暴动，陈公博等受各方责难，于1927年12月逃到香港。

1928年陈公博到上海，出版各种书刊提出改组国民党的各种主张，成为国民党内改组派的宣导者。九一八事变后，国民党内谋求和解，蒋介石及汪精卫再度合作，汪任行政院长，陈亦任国民政府民众训练部、实业部部长等职。1936年2月，汪辞去行政院长，陈亦辞职。

1937年抗战爆发。抗战伊始，被凶残日军凌厉攻势吓破了胆的汪精卫从始至终一直抱定投降路线和汉奸哲学，甘当奴才，始终伺隙和日本人媾和，心中盼着当儿皇帝和汉奸，却美其名曰“和平运动”。

这个“和平运动”的本质就是汉奸运动，一向遵奉汪精卫的陈公博初始对之是坚决反对的。但不是惑于汪氏的威逼利诱软硬兼施，就是执着于他一生奉行的哥们儿义气和党同伐异的居心，他又甘愿上了贼船。不管他后来怎样试图洗清、表白或表功，背叛了祖国和人民，他已经被永远钉在历史的耻辱柱上了。

汪精卫与日本暗中交涉谈判，于1940年3月到南京，成立其与日本合作的“国民政府”。陈公博初时对汪的投日有所保留，最后选择追随，任南京汪伪政府的首任立法院长，后兼伪上海市长。1944年汪往日本治病，陈公博任代“国民政府”主席。汪死后，兼任行政院长、军事委员会委员长等职。1945年初，中日战事胶着，陈亦开始通过军统向重庆暗通款曲，故意包庇军统的行动。

1945年8月15日，日本向盟国无条件投降，次日陈公博宣布解散伪南京国民政府。原本陈还希望能得到重庆接受，但最终逃亡日本，试图在当地隐姓埋名。国民政府发出对陈公博的通缉令，并在南京受降后即向日本提出引渡要求。作为战败国的日本无法保护陈公博，只能将其交出。陈公博被国军伞兵押回中国，交由军统看管。

江苏高等法院于1946年3月对陈公博进行侦讯后，4月5日开庭公开审讯，高院院长孙鸿霖为审判长，首席检察官韩焘宣读起诉书。在受审的法庭上，他写了洋洋长达3万余言的题为《八年来的回忆》，作为他的辩词，来为他的“和平运动”辩护。其中有段一话，特别强调他对国民党的忠诚和反共的决心：

“我召集各将领会议，我曾声明，为中国的前途，为未来的统一，我不能不做这个打算:重庆赞成联合剿共，我们也剿共；重庆不赞成剿共，我们也剿共。日本不和共产党妥协，我们也剿共；就是日本和共产党妥协，我们也剿共，我是不惜因为剿共问题和日本反脸的。”

陈公博至死都在怀恨他曾经参与创建的中国共产党。他能和他终生的政敌蒋介石在临死前言合并殷勤讨好，献计献策；他却须臾不忘“剿害”共产党。纵使在日本侵略中国时期，他恨共产党远胜恨日本人，并且一直怕日本人跟共产党合作。

◎ 陈公博受审

他临死前致蒋中正最后的致意信（未能写完）中，他仍以戴罪之身向蒋倾诉："我心内所悬悬放不下的还是一个共产党问题，因为这个问题，关系到国家前途，关系到党的前途，更关系到先生的前途。我虽然死，不得不尽量和先生说，或者临死之言可以使先生动听，也未可知……"写到得意之处，感激涕零。

可惜他忘了，依他待决死囚之身份，要再作奴才啼血进言早已不配。更何况，没有他的提醒，蒋中正也不会忘了这档子事。更富有讽刺意味的是，不管陈公博是多么仇恨共产党，一入曹营抵死难辨。同月12日下午，法庭宣告判决，以"通谋敌国，图谋反抗本国"罪，判处陈公博死刑。

陈公博临死前要求的殉葬之物有两件：一是汪精卫赠他的一只茶杯；二是日本天皇所赠的一枚一等旭日大绶章……

1946年6月3日上午9时，在狮子口江苏省第三监狱，传来一声清脆的枪声。陈公博一枪毙命，结束了他55岁的一生。

六、济南地区代表

王尽美：出身佃农，从小为地主陪读。勤奋好学，多才多艺，立志救国。在陈独秀、李大钊影响下成为马克思主义者，参加党的一大后，多次成功地领导工人运动。后因积劳成疾，身患肺结核，不幸因病逝世。

王尽美(1898—1925)，原名瑞俊，又名烬美、烬梅，字灼斋，出身于山东省诸城市枳沟镇大北杏村的一个佃农家庭。

坐落在诸城、莒县、日照三县交界处的北杏村,山青水秀。银带般的潍河,蜿蜒起伏的沂山山脉,一望无际的昌潍平原,在落日余晖下构成了一幅恬静而又美丽的图画。1898年(清光绪二十四年)6月14日,王尽美就诞生在这依山傍水的村子里。

王尽美才思敏捷,勤奋好学。幼年曾在地主家陪读,后于枳沟高小毕业,在家务农两年。农暇刻苦自学,酷爱进步书刊,关心国家大事,较早萌发民主主义思想与救国救民的志向。

1918年,20岁的王尽美考入山东省立第一师范学校,临行前挥毫作诗,以抒情怀。诗曰:“沉浮谁主问苍茫,古往今来一战场。潍水泥沙挟入海,铮铮乔有看沧桑。”这与毛泽东的“问苍茫大地,谁主沉浮”似有相同的情怀。

1919年,五四运动的风潮波及全国,王尽美被选为省一师北园分校代表,积极联络学生建立爱国反日组织,带领同学参加集会、游行,开展宣传活动。

王尽美响应济南学联发出的外籍学生回各县开展运动的号召,跟几个骨干一起

◎　王尽美

回到家乡。在他们的策划下，诸城各学校开展了反日救国运动。王尽美胸前斜披着书有“还我河山”的大字白布条。在集会上愤怒控诉帝国主义侵略和北洋军阀政府的卖国罪行。为更好地发动群众，他和县城里的几位教师一起编写了易学易记的歌曲《救国五更》《国耻记》《高跷段》《打花棍》等。王尽美用《长江歌》的曲调创作了《保护我山东》的歌词：

看看看，滔天大祸飞来身边。日本强盗似狼贪，硬立民政官，此耻不能甘。山东又要似朝鲜，攫我祖国，攘我主权，破我好河山。

听听听，山东父老同胞愤怒声。送我代表赴北京，质问大总统！反对卖国廿一条，保护我山东。堂堂中华，炎黄裔胄，主权最神圣。

这首歌写成后，很快传遍了山东。

1920年秋，王尽美与邓恩铭等发起组织“励新学会”，创办《励新》半月刊，积极研究宣传新思想、新文化。王尽美从《新青年》等杂志上读到介绍苏俄情况的文章，并对此产生兴趣。当他得知北大成立马克思主义研究会时，曾立刻赴京，咨询研究会成立的经过。罗章龙和邓中夏等人不仅向他介绍了研究会的情况，还介绍了许多共产主义理论书籍给他。

1920年8月，与陈独秀李大钊等人交往甚密的山东的同盟会员王

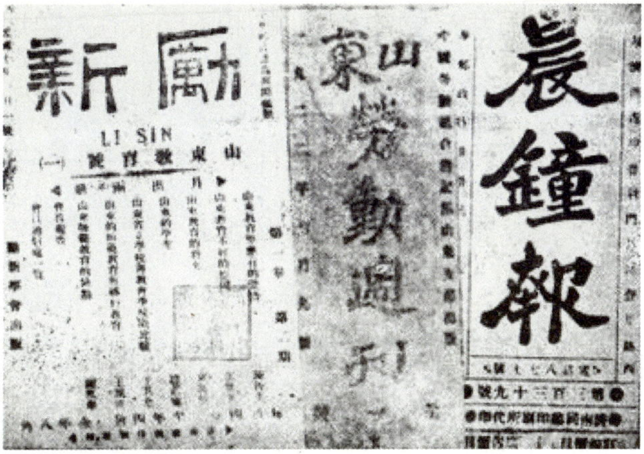

◎ 王尽美与邓恩铭一同编辑出版的刊物《晨钟报》《励新》等

乐平，收到陈独秀的信件，在信中，陈独秀邀请他在济南建立共产党组织。

王乐平是老同盟会员，五四时期非常活跃，曾代表山东各界赴京请愿。但他不是共产主义者，于是他向陈独秀推荐了热衷于共产主义的王尽美、邓恩铭。

当王尽美接到王乐平的通知后，他与邓恩铭联系上海早期党组织。又组织“劳动周刊社”，出版《济南劳动周刊》进行“提高劳动者地位”、“改善劳动者生活”的宣传，为革命进行了一定的思想准备。

1921年春，在李大钊同志的帮助下，济南共产党早期组织成立。

1921年6月，王尽美和邓恩铭赴上海参加一大，他们是最早到达上海的一批党员。他在一大会议上，给人的感觉是有朝气，谈话从容大度，给与会者留下深刻印象。

一大后不久，王尽美在赠友人的诗中写道：“贫富阶级见疆场，尽善尽美唯解放。潍水泥沙东入海，乔有麓下看沧桑。”王尽美原名叫王瑞俊，中国共产党的建立更加坚定了他为实现尽善尽美的共产主义崇高理想而献身革命的信心与决心，从此改名为王尽美。

回到济南，王尽美担任中共山东区支部书记。在他的领导下，青岛、张店、淄博、益都等地相继建立了党的地方组织。

1922年1月，共产国际在莫斯科召开远东各国共产党及民族革命团体第一次代表大会，他与张国焘、邓恩铭、柯庆施、高君宇一起，作为中国共产党的代表出席了这次大会，受到列宁的接见。

王尽美不仅是一位坚定的无产阶级革命家，也是一位能写会画，吹拉弹唱样样都行的多才多艺的宣传家。他会弹三弦、琵琶、月琴，会吹奏笙、笛、管、箫、唢呐以及拉京胡、二胡等。王尽美出席共产国际召开的远东各国共产党及民族革命团体代表大会时，在晚会上演奏了《高山流水》《梅花三弄》等十几首中国乐曲，赢得会场上阵阵的掌声。

王尽美6月回国，7月参加了在上海召开的党的第二次全国代表大

◎ 王尽美（三排右一）在莫斯科出席远东大会

会，向大会汇报了共产国际会议精神。会后，在党中央与邓中夏一起负责中国劳动组合书记部的领导工作，参与了制定《劳动法大纲》。作为中国劳动组合书记部山东支部的负责人，创办了该支部的机关刊物《山东劳动周刊》，任主编。在《山东劳动周刊》第一号里，发表了《中国劳动组合书记部山东支部宣言》《矿业工会淄博部开发起会志盛》两篇文章，揭露了帝国主义和本国资本家对工人残酷的剥削与压榨，指出了工人联合和组织起来的必要性，号召工人要“为整体的利益团结起来”。

1922年夏，王尽美成功地领导了济南理发业工人大罢工，争得了理发工人组织工会的合法权利。接着，在当时北方党组织负责人李大钊的安排下，到山海关组织以京奉路为重点的工人运动。在山海关以学徒身份作掩护，他白天翻砂，晚上教工人文化课，同时宣传革命活动。深入工人群众，开办工人夜校，宣传革命道理。王尽美发现，开展工作的最大障碍，来自工人内部山头林立的封建帮派。在他的引导下，工人们认识到资本家才是大家共同的敌人，并觉得王尽美到过苏俄，见过世面，可以信任。他整顿和健全了山海关工友俱乐部，领导成立了“秦皇岛矿务局工友俱乐部”。是年10月领导了山海关京奉路工人罢工斗争，并为工人起草了罢工宣言。

1922年9月，有工人被无辜开除。工人们群情义愤，要求厂方收回成命。王尽美决定引导斗争，并组织大规模罢工斗争。在他引导下，工人俱乐部向厂方提出六项经济上的、政治上的要求。

铁路当局不予答复。王尽美召集露天大会，工人们来到会场，会场上竖着一面大白旗，上书“劳工神圣”四个字。

10月4日，罢工开始，1000余名工人参与罢工。王尽美在《山海关工人宣告罢工真相》中称“不罢工也要冻死饿死被压迫死，如其受辱死，不若奋斗死。”

宣言发出后，全国工人声援，开滦煤矿的三万工人捐助了一日的工资。王尽美将捐助都用于接济最困难的工人家庭。但罢工时间一长，工人们的困难变大。王尽美反复考虑后，决定卧轨截车，迫使当局答应条件。

10月9日上午8时，1000多名工人扛着旗帜，在铁路上排开几百米长的队伍。他们或卧或立，把这一段铁路挤得满满的。8时35分，开往北京方向的4次快车出站了，工人们齐声呐喊：“如不答应条件，就死在这里。”

列车呼啸而来，汽笛震耳欲聋，但卧轨工人无一离开。列车最终急刹车。此时，车头距离最前面的卧轨工人只有十几米远。工人们围着火车朝车站高喊口号。

10月12日，京奉铁路当局答应了工人的全部要求。

接着，王尽美又同邓培、罗章龙等人领导了秦皇岛开滦五矿总同盟罢工。

1923年3月，王尽美与邓恩铭到淄博矿区点播革命火种，通过艰苦的工作，于当年6月，在淄川马家庄机器图算学校成立了“矿业工会淄博部”。从此淄博矿工找到了带路人——中国共产党。被污蔑为“煤黑子”、“挖煤鬼”、“埋了没死”的矿工，把工会当做自己的家，团结在工会周围。王尽美创作的《工会成立为救我同胞》配以当地熟悉的民歌音调，适时发表了：

好工友，好同志，大家同心来结团体。团体要结好，意志要坚牢。铲除工头打倒走狗，工人地位要提高。争取平等自由，工会成立为救我同胞。

1924年1月，王尽美以山东代表的身份去广州参加了中国国民党第一次全国代表大会。在会上结识了孙中山先生。会后回到济南，在国民党山东临时党部任执行委员，积极帮助国民党在山东建立基层组织。

1924年底，王尽美受孙中山约见，孙中山以个人名义委派他和其他人士为国民会议宣传员特派员，在山东宣传和筹备召开国民会议。1924年11月，中共山东省地方执行委员会成立，王尽美被选为书记。1925年初他到青岛，一方面以孙中山特派员的身份公开活动，宣传召开国民会议的意义，促进国民会议运动的发展；一方面与青岛党的地下组织取得联系。还与邓恩铭一起领导了青岛及胶济铁路工人的罢工斗争，并领导成立了胶济铁路总工会。王尽美在参与组织胶济线大罢工时，终因劳碌过度开始咯血。于是他在演讲时偷藏一块手绢，咯血时就擦掉血渍继续演讲，尽管脸色苍白，却依然声如洪钟。

1925年6月，王尽美回乡养病。病情未见好转，王尽美提出去青岛，再看看战友。这年夏天，青岛虽是海滨城市，也是暑热炎炎。在青岛医院里，王尽美因肺结核已经奄奄一息，不时地口吐鲜血。他已经无力用笔，正在用微弱的声音口授遗嘱。一旁是他焦急的母亲，笔录者是中国共产党青岛市委的负责人。

“希望全体同志要好好工作，为无产阶级和全人类的解放和共产主义的彻底实现而奋斗到底……”

他看完笔录，按上了自己的手印。

1925年8月19日，27岁的王尽美病逝于青岛。他是中国共产党一大13个代表中第一个去世的。

解放后，毛泽东主席对参加第一届全国政治协商会议的山东代表、副省长马保三说：“革命胜利了，不能忘记老同志。你们山东要把王尽美、邓恩铭烈士的历史搞好，要收集他们的遗物。”后来。在青岛视察时又说：“你们山东有个王尽美，是党的‘一大’代表之一，是个好同志。听说他母亲现在还活着，要好好养起来。”（见《王尽美传》，山东人民出版社1981年版。）

◎ 王尽美故居

邓恩铭："一大"代表中唯一的少数民族，中学毕业即成为职业革命家。爱编山歌，长于诗词，性格乐观开朗。他从事党的活动十年，三次坐牢，两次越狱，在狱中度过了三年，牺牲时年仅30岁。

邓恩铭（1901—1931），又名恩明，字仲尧，贵州省荔波县人，水族。1901年出生在贵州省荔波县北部水浦村板本寨水族杆栏式祖屋中。1905年随父亲邓国琮迁往荔波县城北街（即今向阳路21号邓恩铭烈士故居）居住。

辛亥革命那年，邓恩铭进入荔波县模范高等小学堂读书。这是一所7年制的新式学校，开设修身、国文、讲经、历史、地理等课程。校中有几位思想进步的教师，向学生宣讲孙中山的革命主张，注重培养学生的民主精神，同时也传授近代科学知识。在这些老师的启蒙下，邓恩铭初步接触到一些民主思想。

1917年8月，16岁的邓恩铭离开家乡投奔在山东益都（今山东省青州市）为官的叔父邓国谨。次年，考入济南省立第一中学。

◎ 邓恩铭

求学期间，他就被选为学生自治会负责人兼出版部部长，主编一中校报。这位水族的孩子，走出“天无三日晴，地无三里平，人无三分银”的贫寒区域，到了有外国租界的山东半岛，虽然看到了体现近代化的工厂和建筑，本人一时也成为“侄少爷”，却也同时目睹了惊人的巨大贫富反差。当地日本工厂的情况，正如他在调查报告中所述——“厂中并无吃饭之休息时间，一面摇铃一面吃饭。‘中国奴’、‘亡国奴’是日本监工平常辱骂工人之名词，殴打工人则拳足交加”，“冬天则捉工人之颈，置之冷水管之下而淋之，必至鼻破血流，浑身结冰而后已，此则尤为日厂之特刑。”正是这种特定的环境，使他走到了五四运动的呐喊行列中。他接触到马克思主义理论并与所见的阶级和民族压迫相结合，这更坚定了他唤醒苦难麻木的工人进行自身解放斗争的意志。

在济南求学期间，邓恩铭开始阅读《新青年》《新潮》和北京大学日刊，开始走上革命道路。1919年五四运动爆发后，邓恩铭被推举为济南一中学生自治会负责人兼任出版部部长，主编校报，组织学生参加罢课运动，成为山东颇有影响的学生领袖之一。5月7日，山东各界代表在济南召开以学界为主的国耻纪念大会，邓恩铭率领济南一中同学奔赴会场并登台讲演，号召各界同胞罢课、罢市，抵制日货，得到社会各界一致响应。其后的一个多月里，他率领学生积极参加罢课，并动员商人罢市。他还率领济南一中同学会合其他请愿队伍，向山东督军和省长请愿，迫使他们答应向北京政府表达山东各界群众提出的收回主权、严惩国贼等4项要求。在此期间，他被选为市学生代表，去北大、南开等学校参观交流，就此结识了国内早期的共产主义思想传播者。

1920年，他和王尽美等人在励新学会的基础上，团结一批初步信仰马克思主义的青年，在济南教育会门口挂出了“马克思学说研究会”的牌子。这个公开的学术团体吸引了许多进步青年，他们每星期集会一次，经常在这里阅读马克思、恩格斯的著作和介绍苏联情况的书刊，利用合法的讲坛宣传马列主义。邓恩铭还在报刊上发表《灾民的我见》和《济南女校概况》等文章，公开向封建制度进攻。

1921年邓恩铭与王尽美等人秘密联络了几个信仰马克思主义的进步青年，成立了济南共产党早期组织。同年7月，中国共产党第一次全国代表大会在上海召开，邓恩铭和王尽美代表山东共产党早期出席了会议。当时邓恩铭年仅20岁，是13名代表中唯一的少数民族代表。

1922年1月，邓恩铭受党的派遣，远赴莫斯科出席了远东各国共产党及民族革命团体第一次代表大会，受到列宁的亲切接见。他在那里留下的终生最难忘的印象，是实行的每日面包分配标准——红军士兵2磅，工人1.5磅，机关人员1磅，共产党员3/4磅。就此，他明确了一个共产党员应该做出的表率作用，后来始终以此来要求自己。

回国后，邓恩铭来到青岛，以主要精力发展党的组织，从事工人运动，他领导创建了青岛党组织，并先后出任中共青岛直属支部书记和市委书记。他的叔父发现他参加革命活动，既惊又怕，极力阻挠，要他安分守己，求取功名。他父母在家乡给他定了亲，来信催逼他回家结婚，想以此来拖住他。邓恩铭都拒绝了。他在给父母的信中说：“……儿主张既定，决不更改。”表达了他在革命道路上义无反顾的崇高精神。

大革命时期，邓恩铭深入铁路沿线和纱厂车间，以通俗易懂的事例在工人中宣传革命道理，发动工人与资本家进行斗争。他先后组织了青岛胶济铁路规模空前的工人大罢工和青岛纱厂1.8万工人大罢工，使日、英两国在青岛的经济势力受到沉重打击。在斗争中，青岛市各界联合会和市总工会先后成立。1925年8月，邓恩铭回到济南，领导全省的职工运动、农民运动和统一战线的各项工作。11月，他在济南被反动军阀张宗昌逮捕，经党组织营救出狱后，邓恩铭再度来到青岛，他在极为困难的情况下，迅速把遭受破坏的中共青岛党组织恢复起来。

1927年4月，邓恩铭出席了在武汉召开的中国共产党第五次全国代表大会，会后，他担任了中共山东省执行委员会书记。在蒋介石反动派向共产党举起屠刀的白色恐怖中，邓恩铭不顾个人安危，辗转山东各地，领导党组织开展革命斗争。

邓恩铭在担任山东省委、青岛市委书记时，掌管过党的许多经费，而自己一直生活清寒，每月组织发给的生活费，也多被他用于接济困难的同志。家中多次向他索款，他只是回信说明自己“生性与人不同，最憎恶的是名与利”，“只能谋个人的温饱，无力顾家”。他长期对外以小学教员的身份作掩护，春秋都穿那一件灰白大褂。到工厂活动时，他又总是着粗布裤褂，从外观看完全像是朴实地道的工人。当时山东省委的另一个负责人王复元却私欲膨胀，贪污党的经费，邓恩铭发现后予以严重警告，省委将此人开除出党。不过，邓恩铭对这个腐败分子的警惕性还不够高，未能有效防范他向当局告密。1928年12月，王复元出卖了省委机关，邓恩铭因此时正在机关中而被捕。

邓恩铭从小生活在能歌善舞的水家山乡，从小就爱编山歌，入学后又长于诗词，性格乐观开朗。他从事党的活动十年，三次坐牢，在狱中度过了三年，屡次受酷刑折磨，又患有结核病，始终不屈服，还经常撑着病体组织难友们唱歌读书。连关在同牢房的“土匪犯”都对他佩服得五体投地，甘心听从这个病弱的文人指挥。邓恩铭最后一次被捕时，因济南政权处在更迭混乱之中而未被确定身份。1929年夏，邓恩铭得知接管监狱的国民党政府要清查共产党人，便和狱中党支部其他四人一起领导越狱。他根据难友身体强弱搭配编了三个小队，从探亲的家属那里秘密要来打开镣铐的锯条等工具，还让大家将厕所中用于清洁的石灰粉装成一个个小袋，作为行动时的“秘密武器”。

7月21日正值星期天，看守们多数下班，警戒松懈。利用这一时机，邓恩铭亲自指挥第一队，乘开门的看守不备，突然打倒他并迅速冲出。见狱卒慌忙拿枪，大家将准备好的石灰粉抛了过去，又用棍棒猛打，在看守们抱头捂眼乱窜时缴下了枪支。三个小队如决堤之水冲到街上，患着重病的邓恩铭由一位身体强壮的难友背着跑出。济南当局马上调兵并联合警察追捕。邓恩铭和一些人因身体虚弱，且身穿囚服、头发甚长，未跑出多远又被抓回来。后来，国民党省党部来人认出他的身份。邓恩铭便慷慨宣传革命主张，在山东军阀韩复榘集体“枪决红匪”时，唱着《国际歌》上了刑场。

1931年4月5日清明节，邓恩铭等人高呼着：“打倒帝国主义！”“打倒反动军阀！”“中国共产党万岁！”等口号，面对敌人的枪口毫无惧色，在济南纬八路刑场被国民党反动派残忍杀害，年仅30岁。

出卖邓恩铭的这个叛徒随后还当了捕共队长，总在道口巡查辨认地下党员。翌年8月，王复元被中共中央特科派出的除奸人员击毙于青岛中山路上。

邓恩铭在1931年就义时，在给母亲的信中，留下了慷慨诗句：

"卅一年华转瞬逝，壮志未酬奈何天。不惜唯我独先死，后继频频慰九泉。"

七、旅日代表

周佛海：早年参加中国共产党的创建，之后投入蒋介石幕府成为政坛大红人，抗战爆发后转而又与昔日屡次反击的汪精卫合污，组成卖国政府，成为一代巨奸，人民的罪人。

◎ 周佛海

周佛海（1897—1948），1897年5月，周佛海出生于湖南省沅陵县凉水井乡。周佛海出世不久，其父病故，家境败落。周佛海在乡塾接受启蒙教育，后考入沅陵县高等小学堂。

在上中学的时候，他便是一个"不安分的青年"，曾在龙兴讲寺墙壁上题了这样一首诗：登门把酒饮神龙，拔剑狂歌气似虹。甘为中流拦巨浪，耻居穷壑伴群峰。怒涛滚滚山河杳，落木萧萧宇宙空。不尽沅江东逝水，古今淘尽几英雄。

那时，他已颇为“留心政治”，所以诗中透露出那雄心勃勃的气概。

周佛海早年留学日本，读了一些介绍马克思主义的书，参与组织旅日共产党早期组织。1921年他作为旅日组织代表，回国参加中国共产党第一次全国代表大会。

在参加一大会议期间，24岁的周佛海认识了王会悟的同学杨淑慧，就很快向她求婚，杨淑慧当时20岁，就在周佛海与杨淑慧订婚的前几天，一位消息灵通的《上海时事新报》的记者，在报上不指名地刊登一条新闻，大意是“有一位湖南青年，自称是最进步的社会主义信徒，已早在乡间结过婚，听说还有了孩子，现在又在上海与其同乡商界某闻人的女公子大谈恋爱，看来又要再度作新郎了”。当杨淑慧父亲杨卓茂看到这条消息时，顿时感到名誉受到伤害，于是，他拿着报纸找周佛海算账，恰巧周佛海外出。刘仁静就把杨卓茂带到张国焘的住处，刘仁静刚刚向张国焘介绍完，杨卓茂就跳起来大骂周佛海，说周佛海犯了诱骗良家妇女罪，并声言要到法庭上控告周佛海。24岁的张国焘与19岁的刘仁静，还都是北大的学生，他们从没有见过这场面，连忙紧张地走过去，苦口相劝，让他不要告到法庭上去，他们了解情况后再说。

为了阻断女儿与周佛海往来，杨卓茂夫妇把女儿关在自家的阁楼上，被关的第三天，杨淑慧就跳窗逃了出去，找到了周佛海。这时一大会议已经结束，二人就悄悄离开了上海，前往日本的鹿儿岛，后育有一子一女。

1923年，周佛海在日本帝国大学毕业，不久就回国了。

1924年春，第一次国共合作形成，中国革命形势飞速发展。时任广东国民党中央宣传部部长的戴季陶以每月200大洋（银元）的高薪，邀请周佛海出任广东国民党中央宣传部秘书。广东大学校长邹鲁，又以每月240大洋的高薪聘他兼任广东大学教授。戴季陶、邹鲁都是国民党右派，是反对国共合作的人，是后来西山会议派反对共产党的首要分子。周佛海受了他们的影响，革命思想不坚定，与共产党在思想理论上的分歧越来越大，与党离心日益加重，他既不缴纳党费，又不参加共产党的组织活动，还四处散布对党的不满情绪。

这年9月的一个深夜，中共广州区执行委员会负责人周恩来亲自上门做周佛海的工作，劝他三思而后行。但周佛海一意孤行，第二天给中共广州执委写了一封长信，声明退出共产党。

1924年秋，在对其无法挽救的情况下，中共中央为纯洁党组织，准其脱党。

周佛海脱离中国共产党后，迅速转向反共。周佛海逐渐蜕化为国民党右派分子，成为国民党右派营垒中的干将和蒋介石的心腹。周佛海以右派分子戴季陶为榜样，积极开展反共宣传。标榜自己要做一个国民党的忠实党员，并公然叫嚷“攻击共产党，是我的责任，是我的义务”。周佛海连同广东大学（中山大学）的几名教授，创办了以反共为主旨的《社会评论》。发表《反共产与反革命》《再论反共产与反革命并答中国青年》等一系列文章，为国民党右派的反共活动，摇旗呐喊。周佛海以他的反共理论和对蒋介石的忠诚，深得蒋介石的赏识与重用，负责为蒋介石起草讲话与命令等。周佛海终于挤进了蒋介石智囊团，为蒋介石内战、独裁出谋划策，成为蒋介石身边的“文胆”之一，颇得蒋介石的宠信，而周佛海的地位也节节高升。

1927年，他担任国民党中央陆军军官学校总教官。

1929年出席国民党三大，任国民党政府训练总监部政治训练处处长兼总司令部训练主任。

1931年当选国民党第四届中央执行委员。

1935年任国民党中央民众训练部部长。

1937年抗日战争爆发后，历任国民政府军事委员会委员长侍从室副主任、国民党中央宣传部部长等职。

这时，他对中国人民的抗战失去信心。他看到有机会在日本人手里获得利益，决定跟随汪精卫投降日寇。

1938年12月18日，周佛海跟随汪精卫等人，乘坐欧亚航空公司的一架专机，逃到越南河内。20日，时任四川省党部主任委员的陈公博也尾随而至。

1940年3月30日，汪精卫在南京成立伪国民中央政府。周佛海夺得了伪财政部长、伪军事委员会副委员长、伪中央政治委员秘书长等要职，后又任伪行政院副院长，伪中央储备银行总裁、伪警政部长、伪清乡委员会副委员长、伪物资统制审议委员会委员长、伪上海特别市市长等职务。

汪精卫的伪中央政权成立时，伪政府中的各院、部、会的汉奸要员，都是在周佛海笔下提名产生的，伪政府实际上是周佛海炮制而成，周佛海对此十分得意。他在日记中写道：“国民政府还都，青天白日满地红旗重飘扬于石头城畔，完全系余一人所发起，以后运动亦以余为中心。”他甚至狂称：“人生有此一段，亦不枉生一世也！”此时，在形式上，周佛海地位仅次于汪精卫和陈公博，但是由于周佛海直接掌握汪伪政权的外交、金融、财政、军事、物资和特务大权，并且直接掌握一支装备精良、训练严格的伪税警团，因而其在汪伪政权中是一个握有实权的人物。

1940年，中国的抗战进入最困难的时期。周佛海有一次在向上海中央税警学校的青年们演说时，曾“现身说法”，谈及自己怎样参加一大和今天何如的“追悔”之情：

> “我因为和毛泽东同乡，所以二人同住在一个私立女校的楼上。一连开了六天会，最后一天，为法国巡捕所包围，几乎全部都被捉去。第二天，我们便都到嘉兴，雇了一只船，开到南湖中间，开最后一次会。结果推举陈独秀为委员长，我为副委会长。张国焘为组织部长，李达为宣传部长。在陈独秀没有回上海之前，我便代理委员长。中国共产党，便这样的在一只小船中，正式成立了。现在回顾起来，真和做梦一样。当时万万想不到我们几个年青的学生，会闹出这样的大乱。二十年来，流了多少血，死了多少人，烧了多少乡村，破坏多少城市，损伤国家多少元气，都是我们几个青年学生，种下的祸根。我现在想起来，真对不住国家，对不住人民。国家弄到现在这样危险恶劣的情形，我们不能单责军阀和官僚，当时在嘉兴南湖的小船中的几个

青年，也要负很大的责任的。”（见《周佛海先生言论集》上海中央税警学校1941年版。）

周佛海作为“嘉兴南湖的小船中的几个青年”中的一个，实在是最为狡诈和恶劣的一个败类。他的翻云覆雨，钻营投机，使把他视作心腹的汪精卫都万万没有想到，此时他又暗中投靠了蒋介石。

随着台湾方面解密抗战时期国民党方面情报作战内容和戴笠部分档案，以及2011年10月8日三卷本《戴笠与抗战》的出版，国民党军统局长戴笠的不为人知的秘密大白于天下：周佛海早在1943年就已加入军统为国民党政府服务，成为国民党政府在汪伪政权中的重要卧底。

1945年8月15日，日本宣布投降，解散南京伪政府，周佛海在得到日本投降的消息后，立即向蒋介石拍急电，表示他控制的一万多人的武装能以“完整的上海奉给中央”，并向蒋介石表忠心：“职与其死在共产党之后，宁愿死在主席之前”。

周佛海的“忠心”，赢得了蒋介石的嘉奖，他被任命为军事委员会上海行动总指挥。这样，周佛海摇身一变，又成了国民党的接收大员。

但是，汉奸终究是汉奸，一个月后，在全国人民强烈要求“快速严惩汉奸”的压力下，周佛海被软禁在重庆，后来又被移交南京监狱。1946年11月7日，国民党南京高等法院判处周佛海死刑。在杨淑慧的奔走以及顾祝同、陈立夫、陈果夫等人的说项下，1947年3月26日，念其为重庆方面做过“贡献”的蒋介石，以国民政府主席的身份，发表《准将周佛海之死刑减为无期徒刑令》，下令对他特赦。其公馆

◎ 周佛海受审现场

作为伪产被接收。

虽然周佛海凭着狡诈躲过了一劫，但终究是如同行尸走肉。1948年初，周佛海心脏病复发，2月28日，在一阵哀号之后，周佛海口鼻流血，毙命于老虎桥监狱，终年51岁。

其尸体草草葬于汤山的永安公墓。荒烟蔓草，将一代巨奸彻底埋葬！

◎ 包惠僧

八、陈独秀指定的代表包惠僧

包惠僧：从农家孩子到记者，因采访陈独秀而成忠诚朋友，由陈独秀推荐而成为一大代表。大革命中曾担任黄埔军校政治部主任。大革命失败后脱党。并在国民党政府工作。解放初回到北京，任国务院参事。

包惠僧(1895—1979)，1895年生于湖北省黄冈县（今黄冈市团风县但店镇溢流河拱桥铺村）一个农民家庭，原名包道亭，化名包一宇、包悔生、包晦生、包亦生、包一德、鲍一德、鲍怀珠、弁有德，笔名僧、雷、鸣、亦愚、栖梧老人。

因包惠僧情绪易激动，待人处事全凭热情，话不投机就可能吵架斗殴，敢于直言，不怕伤人，不计后果，因此，又有一个绰号：“大炮”。

包惠僧1917年毕业于湖北省第一师范学校。先后在两所小学当过近一年的教师，但都因故被迫离职。由于工作没有着落，他曾苦闷彷徨之极。一个偶然的机会，包惠僧碰到了从事新闻工作的伍力，就将自己的遭遇告诉了伍力。伍力劝说并鼓励他从事新闻工作当记者。包惠僧尽管有顾虑，但在走投无路之际，这不失为一条谋生之道，从此包惠僧进入了新闻出版业。包惠僧试着向几家报馆投稿，半个月后，竟然获得几家报馆的特约外勤记者证。这几家报馆分别是《汉口新闻报》《大汉报》《公论日报》《中西日报》。后来，他又兼写外埠各报的通讯稿。就这样，包惠僧在武汉落了脚，靠赚稿费得以衣食无忧。

采访中，包惠僧逐渐认识到军阀的腐败、社会的黑暗和不公，从而树立了改造社会的理想。过去只把当记者作为谋生的手段，现在则要将它变成揭露黑暗、改造社会的武器。

当时，包惠僧以“雷”、“鸣”为笔名发表文章，其意就是要震撼一下死气沉沉的社会，用雷电轰鸣，撞出一个缺口。出于一颗正直、热情的心，包惠僧敢于披露社会上的一些黑幕，因而惹怒和刺伤了一些人。当时的议会秘书长蔡养朴——包惠僧的代数老师，曾劝他去找一个正当的职业。而他申辩说自己对政治的腐败，社会的黑暗，好人坏人如实地报道出来，可以说问心无愧，干新闻为生活计，劳动所得，心安理得。可见，包惠僧有着自己的报道原则，不媚俗，不畏难，不做假，这样想也这样做，不管旁人说什么。

1920年2月初，包惠僧应邀当上了江汉通讯社的编辑。一个星期后，他发现这个通讯社是一帮人竞选议员的宣传工具。虽然在这个通讯社里待遇很高，但他不愿昧着良心为反动军阀作嫁衣，于是当即向社长提出辞呈，决计不干。辞职后，包惠僧开始利用新闻记者的身份从事革命活动，一直到1921年底参与组织汉口租界人力车工人同盟罢工，他都是以新闻记者的面貌出现的。与陈独秀的结识也缘于他的记者身份。那是五四运动以后，湖北学生联合会、各界联合会和妇女联合会等团体邀请陈独秀到武汉演讲，包惠僧先后两次以记者身份专访了陈独秀，从而结识了陈独秀，并和他建立了通讯联系。

1921年5月，包惠僧在广州《群报》任编辑。《群报》由党领导，陈公博任总编辑，包惠僧在回忆录中自称是做撰述。

中国共产党第一次全国代表大会以后，新成立的中国劳动组合书记部创办《劳动周刊》，包惠僧和张国焘、李震瀛、李启汉等负责编辑，包惠僧还负责收件与发行工作。

1922年5月，包惠僧等5人由李大钊介绍到北洋军阀交通部秘密从事党的工作。1923年，包惠僧被选为北京区党委委员兼秘书长，兼北京《宪报》总编辑。二七罢工惨案发生后，包惠僧等人被交通部以“鼓动工潮”的嫌疑免职。

1924年，第一次国共合作期间，以共产党员身份加入国民党，出任黄埔军校政治部代理主任，此后，历任黄埔军校高级政治训练班主任、黄埔军校教导师党代表兼政治部主任、武汉新闻检查委员会主席、武汉中央军事政治学校筹备主任。1927年1月出任独立第十四师（师长夏斗寅）党代表兼政治部主任。

1927年四一二政变以后，包惠僧脱离了党组织。其中有几种原因：

首先，包惠僧是由陈独秀带领走上革命道路的，对陈独秀非常信服。宁汉合流后陈独秀因右倾机会主义错误在党内受到批判，对包惠僧的信念造成很大打击。

其次，包惠僧脱离组织与张国焘有很大关系。包惠僧与张国焘都是参加了一大，但是两个人的性格上格格不入。包惠僧虽然做事也干练老成，但是性格上颇为“感情用事”，“对人处事全凭热情”；而张国焘行事较为独断，不容易听取别人的意见。包惠僧与张国焘两人一开始就相互不对路。

1923年，包惠僧与张国焘之间的矛盾发展到了公开冲突的程度。在包惠僧看来，当时中国共产党内能领导他的只有陈独秀一人，而张国焘自私自利、自高自大、公私不分，只会坐在上海的租界里指挥别人。但张国焘是中国劳动组合书记部主任，是包惠僧的顶头上司。当时张国焘向中央告包的状，要求开除包的党籍，只因陈独秀不同意，这事才算不了了之。

1927年1月，包惠僧受邓演达的指派到夏斗寅的部队(十四师)，任独立党代表兼政治部主任。经过两个月的整训，部队面貌大为改观。夏斗寅和包惠僧为获得主动，给邓演达和蒋介石发电报，请求将部队调往前线作战。不料这个电报却落到了他的上级唐生智手里，唐生智大为不满，一面向中共湖北区委委员彭泽湘告状，一面以前敌指挥名义命令夏斗寅回武汉。包惠僧回到汉口受到张国焘和彭泽湘的批评，张国焘同时给包扣上“花天酒地，行为不检”的帽子；因包对批评不接受，又大吵了一顿。包惠僧认为这回肯定被撤职，党内也要受处分，因而主动向邓演达提出辞呈。

蒋介石在上海发动反革命政变后，包惠僧被派去视察夏斗寅师，劝其不要叛变，未遂；自己也差点儿被夏斗寅枪毙，只因几个过去跟包惠僧关系不错的团长坚决反对才得以离开。而中央认为，夏斗寅叛变是因为包惠僧没有把工作做好，违反了党的政治纪律，所以给他留党察看两年的处分。受到处分的包惠僧，心情十分郁闷，虽然也还参加党的小组活动，但失落的情绪让他感到异常的苦闷。

最后，1927年7月下旬，包惠僧奉周恩来的命令到南昌准备办报纸。8月1日，南昌起义爆发，部队随即南下，向广东方向挺进。事有凑巧，包惠僧就在这个时候病了，便暂留南昌。就这样从此脱离了党组织。

他在1966年4月11日的《包惠僧回忆录》中是这样写的："我行到南昌，周恩来同志后到，他告诉我：'不必在江西长久打算，随军南征。'派我任《前敌日报》主编。《前敌日报》没来得及成立，南昌宣布起义。事有凑巧，我又病了，周恩来同志叫我在南昌暂时潜伏，如赶不上队伍，即到武昌去找组织。他给我写了介绍信，我在南昌一个表亲家里住了一个多月，才化装逃出南昌，到九江搭船回了我的故乡黄冈。当时白色恐怖遍地皆是，在乡下也住不下去，遂到武昌，也没有找到组织。武汉也呆不下去，即带着妻子逃到江苏高邮（妻家）暂行避难。在高邮住了两个多月，风声不好，才逃往上海。我会见了李达（他此时已脱党多年）、施存统、马哲民等。上海的情况很乱，我遂和这些人一起走了失败主义的道路，消极脱党。"

脱党后，包惠僧疏远了革命，到了上海，为生活计，他又重操旧业，卖文为生。期间，他曾主编《现代中国》杂志至1931年，并用“亦愚”的笔名撰写文章。

1931年，由于他与蒋介石在黄埔军校共过事，蒋介石让他当了陆海空军总司令部参议。九一八事变以后，蒋介石任军事委员会委员长，任命包惠僧为军委秘书，兼任中央军校政治教官。

1938年，在陈独秀搬到四川江津后，包惠僧还多次去看望他。1942年5月他最后一次去看陈独秀时，“陈已弥留不省人事，家徒四壁，只有几张破桌椅和一堆陈独秀和家人耕种生产的土豆。”（见《陈独秀传》，团结出版社2011年版，第457页。）他对陈独秀领他走上革命道路的恩情始终感恩在心。

1948年，蒋介石政权面临倒台。国民政府从南京退到广州。包惠僧申请遣散，带着一家人搬到了澳门，住在柯高马路88号楼上。

这时，他回顾了自己以前所走过的道路，觉得是错了。现在是到了觉醒并主动回到当年的共产党朋友中去的时候了。他记得在抗战期间，周恩来在重庆时曾到过国民党内务部，在会见部长张厉生后出来，遇到了包惠僧，曾向他表示过欢迎他回来之意。想到周恩来的为人，他觉得还是可以向他表示现在的想法。1949年9月上旬，他给周恩来发去了电报，电报如下：

> 北京人民政府周总理恩来兄鉴：兄等以廿余年之艰苦奋斗得有今日，良堪佩慰，尚望以胜利争取和平，以和平与民更始，

吊民伐罪，天下归仁也。南天引颈，曷胜钦迟，一有便船，当来晤教。弟包惠僧叩。

电报发出后，随即有了回音。包惠僧在回忆录中写道："约一个星期接到中国共产党复电。叫我回来。我于一九四九年十一月回到北京。回北京第二天，董老（引者注：即董必武）请我吃饭。他对我说：'你回来是党中央作出的决定。'同年十二月二十五日，周总理请我到中南海吃饭。他同我见面之后，对我还是以老朋友相待，我们作了长谈。周总理给我的礼遇和温暖我几乎感激得流出眼泪来。一九五〇年，我在革大（引者注：即'华北人民革命大学'的简称，当时设在北京颐和园附近）政治研究院学习一年，十二月初毕业后即分配到内务部研究室任研究员。"

当天周恩来与包惠僧谈话时，还对他说道："你过去不是一个普通的共产党员。你对党要有个交代。"为此，周恩来安排他到华北人民革命大学学习时，包惠僧在学习中十分努力。

包惠僧晚年的主要贡献，是为后人留下了近百万字的回忆录。他是中国共产党一大代表，而且参与中国共产党1927年7月前一些重要活动，因此他的回忆录富有史料价值。尤其是关于一大，他和张国焘两人是留下回忆文字最多的。这也是毛泽东关照中宣部让他做的工作。

"文化大革命"中，包惠僧也受到冲击。在风声日紧的情况下，他把自己多年保存的陈独秀写给他的一百多封信付之一炬。这是他最为痛心的事。他一生一直把陈独秀当作自己的恩师，这一百多封信，他是非常珍惜的，曾一一裱糊好，装订成册，封面上题《陈仲甫先生遗墨》，还特地写了前言，以作为永久保存。这些信化作了灰烬，再也无法得到了。（以上引自叶永烈：《红色的起点》，第333—335页。）

◎ 晚年的包惠僧

“文化大革命”后的1979年7月2日，身患腹主动脉瘤的包惠僧晚饭后邀三位老邻居打扑克。到九点多时，说腹部不舒服，倒在床上再也没有起来。医生赶来抢救无效，晚上十时四十分，因腹主动脉瘤破裂大出血而去世，享年85岁。

一大代表的年龄、知识、性格、信念、体格特点及他们不同的命运

13个代表虽然同是中国共产党的创建者，但后来却出现了截然不同的结局，这让人在深深感叹的同时，又给人以深深的启迪。他们主要分为这样五种类型：

1. 大革命期间由于种种原因而脱党的3人：李达、李汉俊、包惠僧。而这三人中，情况又有很大差别：李达是脱党而心不离党；李汉俊是脱党后为革命牺牲而成为烈士；包惠僧是信念发生变化。

2. 被开除出党的2人：一是分裂红军、另立“中央”、投敌叛党、沦

◎ 一大十三位代表塑像

为走狗的张国焘，一是不听党的劝阻、参加托派的刘仁静。

3. 沦为汉奸的2人：就是朝秦暮楚、反复无常、阴险狡诈、投机钻营、叛党叛国的汪伪时期的大汉奸周佛海、陈公博。

4. 成为革命先烈英勇牺牲的4人：为革命牺牲、视死如归的有贵州少数民族的邓恩铭，湖北的陈潭秋，湖南的何叔衡，积劳成疾、英年早逝的山东的王尽美。

5. 始终坚守信念、奋斗不止，终于在中华人民共和国成立时登上天安门的仅剩2人：人民领袖、湖南代表毛泽东和湖北代表董必武。

从年龄上来看，在以上的13名代表中，当年他们平均年龄为28岁。其中：何叔衡45岁（最大）、董必武35岁、李达和李汉俊31岁、陈公博29岁、毛泽东28岁、包惠僧27岁、陈潭秋25岁、张国焘和周佛海24岁、王尽美23岁、邓恩铭20岁、刘仁静19岁（最小）。除了何叔衡中年外，当时他们都是35岁以下的年轻人，都有着自己的人生理想。

从受教育程度来看，他们全部是知识分子。其中，具有大学学历的有9人，其中就读于北京大学的有3人：陈公博、张国焘、刘仁静。留学日本的有李汉俊、李达、董必武、周佛海、陈潭秋。具有中师学历的有4人：毛泽东，何叔衡，王尽美，包惠僧。中学学历的一人：邓恩铭。这些年轻的知识分子思想活跃，能较早地接触、研究新思想，从而接受新思想，宣传新思想，他们往往是新社会的觉醒者和开拓者。但从中我们又可以看到，书本知识仅仅是一个方面，并不是学历越高越好。关键还是有没有善于把书本知识运用、结合到实际工作中去的能力。毛泽东虽然只有中专学历，但他是一大代表中最早觉悟到理论与实际结合的重要性的人。

从个人性格和品性操守来看，性格过于书生气，不善于从实际出发，受不得委屈的人，往往难以与党一同战斗到底，例如李达与李汉俊，由于个性的固执，早早地脱离了党。而张国焘是信念操守出了问题，个人野心始终在作怪，并且自以为是，骄横自恃，最后连警卫员都不愿意跟他走。相比毛泽东，一生多次受到不公正的打击，但仍不气馁，也不硬干，忍耐等待，最后终于有了机会。

从生活追求来看，能否艰苦奋斗，一生过俭朴的生活，与人民同甘共苦，也决定了一个人的命运。参加中国共产党，就是要全心全意为劳苦大众服务而不谋私利，这是党的宗旨所决定的。陈公博在参加一大时，就以顺便可以“度蜜月”为主要动力，参加一大会议也是最后一个到达，最早一个离开，去杭州旅游。周佛海在一大会议期间就忙于与女友会面，最后去了日本，脱离党不做任何工作。这种人本来就不是真正的马克思主义者，被历史所淘汰也就不足为怪了。

从身体素质来看，王尽美因身体健康原因，无法坚持到底。而毛泽东，他一生非常注重身体的锻炼，他从小就在家里参加农业劳动，后来常常与同学们到江河中去游泳，洗冷水浴。结实魁梧的身体，让他在历尽磨难的战斗生活中闯过了一次次的生存危机。他被民团逮住过一次，并要执行枪决，但他以强健的身体而从民团手中挣脱，逃过一劫，幸免于难。后来生活环境历尽艰难困苦，但他从来没有受过伤，也没得过大病，这也是中华民族之大幸吧？

从出生地和籍贯来看，湖南、湖北两地的一大代表有毛泽东、何叔衡、董必武、陈潭秋、李达、李汉俊、刘仁静、包惠僧、周佛海共9人之多，可以看出地域文化对个人成长的影响。19世纪的中国广东和上海，曾是西方思想与中华古老文明激烈碰撞之地。进入20世纪之后，广东、上海等地的殖民地化和西方文化弊端的影响日占优势，地处中国腹部的湖南、湖北则在新旧文化、东西思想的冲突中成为主要交汇点。真是“惟楚有才”，涌现了星河灿烂的一代英杰，恰好在此背景下放射出他们耀眼的光辉。

一大代表毛泽东的一生，将影响中华民族世世代代，并将长久地影响着全世界

笔者在南湖边上写下这一行文字的时候，看了一下日历，恰恰正是2013年9月9日。也就是说，恰好是在毛泽东逝世37周年纪念日，也是他老人家诞辰120周年即将到来之际，我在写关于毛泽东的文字。

这时，首先让我想起了曾与毛泽东在不远的距离，见到过他的情景。1966年10月1日国庆节那个晚上。那是我离毛泽东距离最近的一个机缘。那年我18岁，作为“红卫兵”代表，从嘉兴南湖边，坐火车出发，到北京接受毛主席的检阅。那天晚上，天安门广场灯火通明，烟花满天。我远远地看到毛泽东主席在金水桥边席地而坐，与群众一起观看烟火。广场上人山人海，载歌载舞，一片狂欢……

毛泽东就这样深深地影响了我们这一代新中国成长起来的年轻人。

进入改革开放的新时期后，毛泽东从神坛上走了下来。人们从对“文化大革命”的反思中，一度对毛泽东有过不少的批评。就像我们这一批“文化大革命”中下乡插队落户，回城又经历磨难的一代，对自己失落的青春曾有过不少迷茫。

现在毛泽东离开人世已经37年了。回过头来看，正因为毛泽东也会

犯错误，所以他不是神，所以他是可以学习的。如果你是一个想学习的人，你放眼全世界，回顾上下几千年，还是会发现最值得你花功夫去做的事，是学习毛泽东。因为世界上没有一个伟人离你那么近，没有一个伟人像毛泽东那样时时处处在昭示着你。人的一生中如果你读懂了他，就会感悟到不少别人难以领悟的生活真谛。

毛泽东的一生告诉我们，中华民族的创造力和精神力量，与其他民族相比一点不逊色，根本不必在洋人面前自惭形秽。毛泽东没有出国留学，他一生花在对中国的历史与文化上的研究，比任何人都多。他全凭着对中华文化的吸收与消化，并吸收了马克思的科学学说，在旧中国极为复杂与艰险的斗争环境中，游刃有余地去奋斗，去实现自己的梦想。通过毛泽东，我们对自己的民族精神、民族文化有着充分的信心，对中国的人民有着充分的信心。

毛泽东的一生告诉我们，一切从实际出发，实践出真知。大革命失败时其他人或惊惶失措，或听命于苏俄的瞎指挥，他却从实际出发，把队伍拉上了井冈山，闯出一条农村包围城市、武装夺取政权的道路。长征中的大手笔“四渡赤水”，正是从实际出发、灵活机动用兵的最好范例。抗日战争爆发，与国民党再度合作，因革命力量弱小，选择在敌后打游击战，从而在敌人的地盘上壮大了自己的力量。

毛泽东的一生告诉我们，必须团结一切可以团结的力量才能成就事业。两次国共合作，毛泽东都是坚决推行者。第一次国共合作，共产党员从1923年的420人，扩大到1927年的几万人。虽然出现过1927年的四一二反革命政变，在蒋介石“宁可错杀三千，不可放过一个”的口号下，白色恐怖的血腥使共产党员由8万锐减到2万，但党的力量在短短的几年中就成为中国政治舞台上的重要角色。第二次国共合作，光是1941年的皖南事变就有9000将士受害，可是到1945年日本投降，中国共产党已经拥有总面积约95万平方公里的19个抗日根据地和近1亿人口。

毛泽东的一生告诉我们，要有百折不挠的意志力，要受得起委屈，受得起煎熬。毛泽东多次被误解，被撤职，被批判。但他在受尽屈辱时能硬着头皮坚守，决不轻言放弃。这也是一种人类历史上的奇观：当他找到战胜敌人的法宝时，受到的屈辱和打击全是来自他的同志，在他打下的地盘上，他数次被他的同志挤到一旁，他只能耐心地等他的同志失败后再来请他出来收拾残局，他却能毫无怨言地把党引向正途。他的地位不断地上下沉浮，但他从来没有放弃自己的使命。凡是具有非凡意志力的人，才能成就他的梦想。

毛泽东的一生告诉我们，人是要有一点献身精神的。那就是为了民族的利益，可以牺牲个人的利益。毛泽东一家八口人为革命而牺牲，包括了他的弟弟、妻子、儿子。跟随毛泽东和党中央的几千万共产党人中的大多数，都自觉地把自己的一生献给了中国人民。这在中华民族的几千年的历史上是空前的。毛泽东时代真是一个不可思议的时代，他让亿万人民自觉地以他为榜样，参加进了这个改天换地的奋斗中。在物质生活极度贫乏的条件下，人们为着改变中国的命运，其乐无穷地追求着最崇高的“中国梦”。

……

人们将发现，毛泽东，像是一个思想的宝库，永远涌动着学不完的精神力量。

同样，我们发现，在毛泽东身上集中地闪耀着红船精神的光辉。

◎ 红船向未来

第十章

“红船精神”的内涵是什么？它是怎样提炼形成的

“红船精神”的表述，在百姓的集体参与中，逐渐形成了雏形

红船到底代表着怎样的革命精神，红船所代表的精神内涵与井冈山精神、长征精神、延安精神、西柏坡精神到底是怎样的传承关系？这个问题一度很少有人说得清，因为这种伟大的革命精神，一时缺乏一种全面的权威的论述。

2005年，全国开展轰轰烈烈开展保持共产党员先进性教育活动，作为党的诞生地的嘉兴，把教育活动与嘉兴本地的政治资源有机结合，有关领导提出，作为党的诞生地，党员先进性教育应该搞得更好，以此为南湖争光，为红船添彩，为党旗增辉。

“红船”书写了中国共产党党史的光辉一页，这一独特的政治资源和优势是全体人民的共同财富，也为党员先进性教育提供了非常现实有效的载体。嘉兴秀城区（2005年5月29日改为南湖区）决定以红船为载体，在党员中开展新时期“红船精神”的内涵以及如何弘扬“红船精神”大讨论。同时，决定采用向社会各界征集“红船精神”表述语的方式，让群众在参与中接受教育。

向社会各界公开征集“红船精神”表述语的启事，在基层党员乃至非党员群众中的热烈反响出乎意料。刊出启事的当天上午9时左右，一

位医生向保持共产党员先进性教育活动办公室发出了电子邮件，他的表述语是“继往开来创伟业，改天换地为人民”。9时09分，工作人员打开电子邮件，看到了整个征集活动收到的第一条表述语。

活动期间，为征集活动激动不已又热情参与的基层党员不计其数，这一新颖的主题实践活动，使很多党员感觉到教育活动不是浮在云端的说教，也不是走过场，而是可以也应该以自己的满腔热情拥抱的自我提升活动，人人是主角，个个有话说，强烈的互动性使征集活动像蕴藏已久的火山，瞬间壮美地爆发。

征集启事见报之日始，办公室的电话就响个不停，电子邮件、信函、上门呈送的，络绎不绝。这种人人有话说，人人也说得上话的征集活动，把整个社会的参与热情点燃了。人们从内心深处渴望“红船精神”有一个完整权威的表述。短短半个月，办公室共征集到表述语663条。对这些来稿进行汇总、梳理、归类后，评出了“开天辟地、坚定信念、劈波斩浪、扬帆引航”5条表述语。

“红船精神”表述语的征集，凝聚了人心，振奋了精神。初步总结了群众智慧的表述语，已经触及了“红船精神”的核心，只等待一个机会，一双巨手将之完善提升，并推及全省全国。

习近平对人民群众的智慧和热情给以高度肯定，并对它进一步提炼总结，形成对“红船精神”科学的理论概括

2002年10月，习近平调任浙江后，就怀着无限崇敬的心情，专程到嘉兴南湖瞻仰红船，接受革命精神教育。他说，如果我们的党员同志能够来到南湖看一次展览，听一次党课，学一次党章，观一次专题片，瞻仰一次红船，重温一次入党誓词，将有助于“精神传承、思想升华”。很显然，习近平当时已经对“红船精神”有所思考。

2005年春节后的第一个工作日，习近平又率领浙江省委理论学习中心组成员来到南湖瞻仰红船，举行保持共产党员先进性教育活动专题学习会。在获悉秀城区开展“红船精神”大讨论的信息后，习近平派省委办公厅副主任舒国增专程到秀城区作专题调研。5月中旬，浙江省委组织部长斯鑫良来嘉兴调研时，专门听取了有关“红船精神”大讨论的

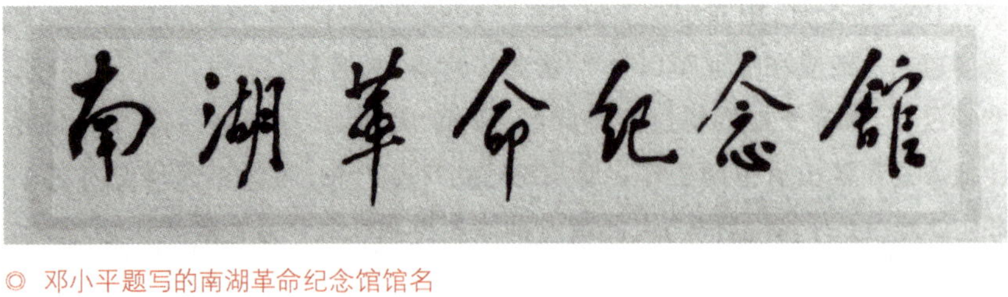

◎ 邓小平题写的南湖革命纪念馆馆名

汇报并指出，“红船精神”不光是秀城区的事，也是浙江省乃至全国的事，要立足全局，集中民智，把“红船精神”提炼出来。

而当时经过广大党员和群众的集思广益，对“红船精神”的思考基本上集中在这几个方面：“红船精神”最鲜明的精神内涵是什么，它的历史价值和现实意义是什么，对今天的工作有哪些启迪和指导作用？

在此基础上，2005年6月21日，习近平在《光明日报》发表署名文章《弘扬“红船精神” 走在时代前列》，全文5000多字，长文系统阐述了“红船精神”的历史及现实意义。在总结历史经验和丰富多彩的现实实践的基础上，习近平深思熟虑地将“红船精神”归结为“开天辟地、敢为人先的首创精神；坚定理想、百折不挠的奋斗精神；立党为公、忠诚为民的奉献精神”。习近平进一步指出，红船见证了中国历史上开天辟地的大事变，成为中国革命源头的象征。“红船精神”同井冈山精神、长征精神、延安精神、西柏坡精神等一起，伴随中国革命的光辉历程，共同构成我们党在前进道路上战胜各种困难和风险、不断夺取新胜利的强大精神力量和宝贵精神财富。

至此，声势浩大的“红船精神”大讨论画上了圆满的句号。“红船精神”以权威、完整的生动表述呈现在世人面前。

红船将如一座丰碑，永远伫立在南湖之滨。红船更是一种精神，永远铭刻在人们的心中。（以上资料主要参考《嘉兴日报》记者廖述毅的报道）

习近平对红船的论述和对“红船精神”深刻内涵的揭示

2005年6月21日，时任浙江省委书记的习近平在《光明日报》上发表了《弘扬“红船精神” 走在时代前列》的署名文章，文中，他以高度凝练的文字，对红船和“红船精神”作了精辟的论述：

红船,见证了中国历史上开天辟地的大事变,成为中国革命源头的象征。

红船,一直接受着人们特别是共产党人的瞻仰。

红船劈波行,精神聚人心。红船所代表和昭示的是时代高度,是发展方向,是奋进明灯,是铸就在中华儿女心中的永不褪色的精神丰碑。

一个大党诞生于一条小船。从此,中国共产党引领革命的航船,劈波斩浪,开天辟地,使中国革命的面貌焕然一新。

“红船精神”正是中国革命精神之源，中国共产党历史上形成的优良传统和革命精神,无不与之有着直接的渊源关系。

红船正是走在时代前列的象征,“红船精神”就充分体现了走在时代前列的精神,这也就集中体现了党的先进性,是党的先进性之源。

依水行舟,忠诚为民,成为贯穿中国革命和建设全过程的一条红线,也是“红船精神”的本质所在。

开天辟地、敢为人先的首创精神，坚定理想、百折不挠的奋斗精神，立党为公、忠诚为民的奉献精神，是中国革命精神之源，也是“红船精神”的深刻内涵。

我们要高举“三个代表”重要思想伟大旗帜，始终保持党的先进性，就必须永远铭记我们党的“母亲船”。

“红船精神”是激励我们把握发展这一时代主题和党执政兴国第一要务，大胆探索、创新创业的强大思想武器。

“红船精神”是鼓舞我们坚定共产主义理想和中国特色社会主义信念，不畏艰险、艰苦奋斗的强大精神支柱。

“红船精神”是鞭策我们牢记立党为公、执政为民本质要求和全心全意为人民服务的根本宗旨，求真务实、一心为民的强大道德力量。

“红船精神”昭示我们，党和人民的关系就好比舟和水的关系，“水可载舟，亦可覆舟”。

◎ 红船明灯

主要参考书目

《“一大”前后》(一)，人民出版社1985年版。

《“一大”前后》(二)，人民出版社1985年版。

《毛泽东自述》，人民出版社1996年版。

孙宝义　刘春增　邹桂兰主编：《毛泽东成功之道》，人民出版社2013年版。

[美]特里尔：《毛泽东传：名著珍藏版(插图本)》，中国人民大学出版社2010年版。

寿剑刚主编：《中国共产党的诞生》，浙江大学出版社2001年版。

吴殿尧主编：《亲历者说：建党纪事》，解放军出版社2011年版。

[美]埃德加·斯诺：《西行漫记》(原名：红星照耀中国)，三联书店1979年版。

李锐：《毛泽东：峥嵘岁月》，北京联合出版公司2013年版。

萧瑜：《我和毛泽东的一段曲折经历》(原名：《毛泽东和我曾是乞丐》)，昆仑出版社1989年版。

王学勤：《陈独秀与中国共产党》，东南大学出版社1991年版。

陈利明：《陈独秀传》，团结出版社2011年版。

叶永烈：《上海滩秘闻》，湖南人民出版社2011年版。

叶永烈：《红色的起点》，广西人民出版社2005年版。

任志刚：《为什么是毛泽东》，光明日报出版社2013年版。

中共一大会址纪念馆编著：《中国共产党创建图史》，上海文艺出版社2011年版。

中共浙江省委党史资料征集研究委员会 中共嘉兴市委党史资料征集研究委员会 南湖革命纪念馆编：《中共“一大”南湖会议》，浙江大学出版社1989年版。

李涛编：《亲历者忆：建党风云》，中央文献出版社2001年版。

中共一大会址纪念馆编：《中国共产党创建史研究》，上海人民出版社2012年版。

罗平汉等：《党史细节——中国共产党90年若干重大事件探源》，人民出版社2011年版。

嘉兴市档案局（馆） 嘉兴市档案学会编：《〈申报〉嘉兴史料集萃》，中共党史出版社2008年版。

《嘉兴市志》编纂委员会编：《嘉兴市志》，中国书籍出版社1997年版。

中共嘉兴市委党史研究室嘉兴市档案局编：《中共嘉兴历史九十年纪事》，中共党史出版社2011年版。

《中共一大嘉兴南湖会议研究》，中共党史出版社2018年版。

后 记

“一个大党，诞生于一条小船。从此，中国共产党引领革命的航船，劈波斩浪，开天辟地，使中国革命的面貌焕然一新。”2005年，时任中共浙江省委书记的习近平发表在《光明日报》上的这段话，一直让我心潮澎湃。这条被人们称为“红船”，又亲切地被称为我们党的“母亲船”的小船就在我的家乡嘉兴南湖。

我在这里出生，在这里读书，并在这里工作了20多年。特别是在20世纪80年代初，到中共嘉兴县委党史办公室工作了一段时间，让我大量接触到了嘉兴的党史资料，从此对党史有了浓厚的兴趣。嘉兴县委党史办为此推荐我到浙江省委党校学习。我在省委党校“哲学专业”和“党建专业”整整学习了三年。

在浙江省文联从事文艺工作20年后，又回到嘉兴。来到南湖边，又萌发了我对党的一大会议的兴趣，产生了创作电影《烟雨红船》的构想。在中共嘉兴市委宣传部的大力支持下，我又重新开始阅读大量有关南湖、有关一大的史料，开始了写作的准备工作。

在这过程中，我多次到南湖革命纪念馆查阅资料，发现来参观纪念馆的人，很想买一本翔实而生动地介绍一大南湖会议的通俗读物。

而我收集的史料中，由于需要注重人物和细节的收集，发现有许多生动而有趣的故事，正好可以满足读者这一方面的需要。由此，就产生了写这本纪实文学《烟雨红船——母亲船的故事》的初衷。

写这本书我遵循这样两个原则，一是所有的描写必须有可靠的史料作依据，达到可信、可靠。如一大南湖会议的日期，虽然南湖纪念馆原副馆长王相箴先生已经作了可信的考证，我还是找来原始史料，从头到尾地对照一遍，最后确信是1921年8月3日这个日子。这样的做法，既是一种再考证，又加深了对重要事件的印象。因为它是我们党的第一次代表大会正式通过决议和选举出领导机构的日子，是党的诞生日。我一般不采信孤证，需要有几个方面的材料相互得以印证，才算可信。二是尽量写得有故事性、可看性、通俗性，让普通读者也能对这一段历史产生阅读的兴趣。何况现在已经到了读图时代，就应当顺应当代读者的需要，尽量做到图文并茂，通俗易懂。所以用叶永烈先生的话来说，这种书的文体应该叫做“党史纪实文学”。

2013年春收集史料，6月到10月关门写作，共花去我整整四个月的时间。在写作过程中，专程到北京听取了党史文学方面的专家王朝柱老师的意见。他作为电视剧《长征》《开国领袖毛泽东》《寻路》等作品的作者，对于如何恰如其分地以文艺作品的形式来反映党的战斗历程，有非常独到的经验和体会，给了我很大帮助。同时，在这本书的写作中，受到叶永烈先生和任志刚先生有关著作的影响，有些地方直接引用了他们的观点和资料，受益匪浅，特在此向他们表示敬意和感谢！中共嘉兴市委党史研究室姚炎鑫副主任在看到此书初稿后热情鼓励，又为我提供了大量有关的资料，并对书稿进行了仔细的推敲和审核，提出了中肯的修改意见。嘉兴党史学会的陈水林会长，是我在浙江省委党校党建理论班学习时的同学，他把自己正在研究的课题成果提供给我参考，特别是在中共一大南湖会议的召开时间、出席人数等关键问题上，提供了可靠的研究成果，使我得益匪浅。南湖革命纪念馆的张志松、王国芬两任馆长，李允、董世明副馆长以及老领导王相箴、章水祥和资料室部主任陈莉等同志，都给予了大力支持，提供了不少资料和采访上的方便。中共浙江省委党史研究室曾林平先生为书稿作了校审。

在本书的写作和出版过程中，中共嘉兴市委宣传部、中共南湖区委宣传部和浙江省作家协会一直对本书予以高度关注，把此书列入了重点文化扶持项目。市委宣传部王登峰副部长和黄擎处长，南湖区委宣传部陈天英部长、黄振华副部长、徐学峰科长，多次给予指导和帮助。浙江省作家协会党组副书记曹启文和创联部的苏沧桑领导等都多次给予具体的指导。

最后，深感荣幸得到了全国政协常委、文史和学习委员会副主任，中国中共党史学会常务副会长，中央党史研究室原副主任龙新民和中共嘉兴市委书记鲁俊两位领导的关爱和重视，并为本书作序。

谨在此，向所有为该书出版给予帮助指导的领导、老师和朋友们，一并表示衷心的感谢！

于嘉兴“槜李草堂”

2014年5月12日初版

2020年7月18日再版修订

本书在写作过程中参考、引用了大量党史国史文献、回忆录、文史资料以及新闻报道等，鉴于篇幅有限，还有一些地方未能全部注明出处，谨向原作者表示谢意。本书中的部分图片因与著作权人联系不上，请与以下电子邮箱联系，将按照国家规定支付稿酬。

作者联系电子邮箱：1159783216@QQ.com